Nicola König

Kirsten Boie

Nicht Chicago. Nicht hier.

Die Seitenzahlen in Klammern beziehen sich auf folgende Ausgabe:
Kirsten Boie, Nicht Chicago. Nicht hier. München: Deutscher Taschenbuch Verlag 2002 (dtv junior 70683). Auf S. 7 des vorliegenden Bandes wurde der Umschlag der o. g. Ausgabe verwendet (Kirsten Boie, Nicht Chicago. Nicht hier. © für das Umschlagbild von Jan Roeder: 2002 Deutscher Taschenbuch Verlag)

Bibliografische Information der Deutschen Bibliothek:
Die Deutsche Bibliothek verzeichnet diese Publikation in der Deutschen Nationalbibliografie; detaillierte bibliografische Daten sind im Internet über <http://dnb.ddb.de> abrufbar.

Das Papier ist aus chlorfrei gebleichtem Zellstoff hergestellt, ist säurefrei und recyclingfähig.

1. Auflage 2005 RE
Druck 10 09 08 07 06 05
Die letzte Zahl bezeichnet das Jahr des Drucks.

Umschlagkonzept: Mendell & Oberer
Typografisches Gesamtkonzept: Almut Richter
Lektorat: Ruth Bornefeld
Herstellung: Verlagsservice Dr. Helmut Neuberger
& Karl Schaumann GmbH, Heimstetten
Satz: jürgen ullrich typosatz, Nördlingen
Druck und Bindung: Appl, Wemding

ISBN 3-486-**80815**-X

Inhalt

1 Basisinformation

Kirsten Boie

Nicht Chicago. Nicht hier.

Verlag: Deutscher Taschenbuch Verlag
Erscheinungsjahr: 2002
Preis: € 6,– (im Jahr 2005)
Jahrgangsstufen: 6–8
Gattung: Roman

Thematik

- Gewalt und Mobbing
- das Täter-Opfer-Verhältnis und die Reaktionen auf ausgeübte Gewalt
- Umgang mit dem Ausgegrenztsein in Familie, Schule und Freundeskreis
- Freundschaft
- Erwachsenwerden

Empfehlung

- Spannend verfasster, zeitgenössischer Text von überschaubarem Umfang
- Direkte Anknüpfung an die Erfahrungswelt der Schüler
- Möglichkeit der Thematisierung von eigenen Erlebnissen im Umgang mit Gewalt und Ausgrenzung
- Geeignet zur Entwicklung von Empathie
- Konfrontation mit dem Erwachsenwerden, der Rolle des Elternhauses und der Schule
- Auseinandersetzung mit komplexen textuellen Erscheinungen (offenes Ende, Nebeneinander von verschiedenen Handlungs- und Zeitebenen)

- Möglichkeit der Einbindung in unterschiedliche Projektvorhaben, beispielsweise der Gewaltprävention

Zusammenfassung des Inhalts

Boie zeichnet in ihrem Roman das beklemmende Psychogramm einer Gewaltspirale im schulisch-privaten Kontext; aus der Perspektive des Opfers werden die Übergriffe Karls, der als neuer Schüler in die siebte Klasse von Niklas kommt, geschildert. Während die Aggressionen anfangs eher harmlos und zufällig erscheinen – erst verschwindet bei Niklas eine CD, dann ‚leiht' sich Karl ein CD-ROM-Laufwerk, ohne es zurückzugeben –, kommt es im weiteren Verlauf zu einer Eskalation der Gewalt. Da Niklas bei den verbalen und körperlichen Attacken weder von seinen Eltern oder Freunden noch von der Lehrerin oder der Polizei Unterstützung erfährt, fühlt er sich der Situation ohnmächtig ausgesetzt. Er reagiert dabei mit einem für Mobbingopfer typischen Rückzug in die Privatsphäre; er verhält sich überwiegend passiv, überspielt und verschweigt sein eigenes Verletztsein und zeigt Anzeichen von Schlafstörungen und Panik. Erst als seine Eltern beginnen ihm zu glauben, fühlt er sich stärker und fängt an, sich gegen Karl aufzulehnen und ihm Grenzen zu setzen. Als am Ende jedoch mit Mord gedroht wird und Niklas' Kaninchen verschwindet, sieht sich die ganze Familie dem Terror hilflos ausgeliefert. Der Roman endet offen, ohne dass konkrete Lösungsmöglichkeiten aufgezeigt werden. Der gleich lautende Prolog und Epilog demonstriert Niklas' Ohnmacht, seine Aggressionen und das dominierende Gefühl der Rache.

Dass die Protagonisten allesamt einem gutbürgerlichen Milieu ohne auffälligem Familienhintergrund entstammen, lässt den Roman gleichermaßen real wie beängstigend erscheinen und macht es unmöglich, auf einfache, monokausale Erklärungsmuster zurückzugreifen. Die stilistisch anspruchsvolle Verschränkung von zwei verschiedenen Handlungs- und Zeitebenen demonstriert in diesem Zusammenhang die Komplexität der Thematik im Umgang mit Gewalt- und Mobbingvorfällen. Dominiert beim Rezipienten der Eindruck der Betroffenheit und Ratlosigkeit, wird durch den Aufbau des Romans ein identifikatorisch-konsumierendes Lesen unterbunden. Der Leser muss eine aktive Rolle als Co-Autor übernehmen: sei es, um die Motive Karls zu klären oder um Auswege aus dem als belastend empfundenen Konflikt zu erarbeiten.

Didaktische Relevanz

Gewalthandlungen und Aggressionen sind seit jeher zentrale Aspekte einer Gesellschaft und spätestens seit Mitte der 90er-Jahre wichtige Themen an Schulen. Dabei verstellen extreme Ereignisse wie beispielsweise der Amoklauf in Erfurt und deren mediale Darstellung den Blick auf die alltäglichen Konflikte und Schwierigkeiten. Während pointierte Mediendarstellungen häufig eher zu einer Emotionalisierung beitragen und eine Veränderung im Schulbereich bzw. eine kausale Analyse erschweren, ermöglicht Boies Text eine intensive Auseinandersetzung mit dem Thema jenseits klischeehafter Pauschallösungen. Diese wird zum einen durch die exakte Wiedergabe der Ausprägungsformen, die von nonverbalen und verbalen Aktionen der Abwertung und Unterstellung über die Zerstörung und das Verstecken von Eigentum bis zu gewalttätigen Körperkontakten und Gewalttaten (z. B. Stehlen, Benutzen von Waffen und Drohungen) reichen, ermöglicht. Zum anderen werden die Folgen für die Opfer dargestellt: Neben körperlichen Schädigungen treten vor allem psychosomatische Funktionsbeschwerden (z. B. Appetitlosigkeit, Herzklopfen, Übelkeit, Atemnot, Schweißausbrüche) und psychische Stressreaktionen (z. B. Schlafstörungen, Alpträume, Angstzustände) auf.

Dieses eindrucksvolle und beklemmende Szenario von Gewalthandlungen unter Jugendlichen, das Boie in ihrem Roman NICHT CHICAGO. NICHT HIER. zeichnet, verzichtet auf simplifizierende Schuldzuweisungen, Erklärungsmodelle und Lösungsansätze. Es beschränkt sich stattdessen im Wesentlichen auf die Innensicht des Opfers und die Reaktionen der Umwelt. Neben der äußerst detailliert dargestellten Mobbingspirale und Konflikteskalation bietet der Text die Möglichkeit, sich aufgrund einer literarischen Vorlage mit dem Thema Gewaltintervention und -prävention auseinander zu setzen. Die realistische wie einfühlsame Zeichnung der Figuren ermöglicht neben dem Vermitteln und Einüben von Empathie und damit dem sozialen Lernen gleichzeitig eine Beschäftigung mit den anspruchsvollen gestalterischen Aspekten des Romans (z. B. das Nebeneinander von verschiedenen Erzählebenen und -perspektiven).

2 Systematische Textanalyse

2.1 Lesarten/Aspekte der Interpretation

Kirsten Boies Roman NICHT CHICAGO. NICHT HIER. eröffnet dem Leser eine Vielzahl von unterschiedlichen Zugängen. Im Folgenden sollen vier mögliche Lesarten kurz vorgestellt werden; dabei hebt jede dieser Versionen auf einen besonderen Aspekt des Textes ab. Entscheidend ist, dass erst durch das Zusammenspiel und die Vernetzung der verschiedenen Lesarten ein umfassendes und differenziertes Verständnis des Romans vermittelt werden kann.

Adoleszenzroman

Betrachtet man die Protagonisten des Romans, ihre Konflikte, Handlungen und Handlungsräume sowie die Sprache, in der sie miteinander kommunizieren, so lässt sich Boies Text als Adoleszenzroman klassifizieren. Bei der Einordnung spielen sowohl Niklas' Persönlichkeit, seine Rolle in Familie, Schule und im Freundeskreis als auch die Thematik der Identitätsfindung eine Rolle. Die Bezeichnung Adoleszenzroman ist ein relativ neuer Gattungsbegriff, der erst Ende der 1980er-Jahre Eingang in die Forschungsliteratur gefunden hat. Als benachbarte Gattungen können der Bildungs-, Erziehungs- und Entwicklungsroman sowie die jugendliterarischen Gattungen der *Jeansliteratur* oder emanzipatorische Mädchenliteratur angeführt werden. Gerade die Übergänge zum problemorientierten Jugendbuch sind fließend.

Gerade über diese Lesart bietet sich den Schüler/n/innen ein erster Zugang zum Roman; die Frage der Identifikation mit den Protagonisten gilt es im Rahmen der Unterrichtseinheit aufzugreifen.

Verbalisiert der Bildungsroman die Auseinandersetzung einer Figur mit verschiedenen Realitätsbereichen und akzentuiert die Spannung zwischen Subjekt und Welt, zwischen Ideal und Realität, so thematisiert der Adoleszenzroman das Problem des Erwachsenwerdens. Die Protagonisten erscheinen als „unverwechselbare Individuen, äußerst differenziert und nuanciert dargestellt." (Lange 1997, 5) Problemorientiert und

-offen werden Identitätskrise und innere Verunsicherung der Jugendlichen dargestellt. Häufige Selbstreflexionen, Auseinandersetzungen mit gesellschaftlichen Normen und Institutionen sowie ein Scheitern des Entwicklungsprozesses sind Merkmale des Adoleszenzromans. Dabei ist gesamtgesellschaftlich davon auszugehen, dass die Adoleszenzzeit zunehmend schwieriger wird, da der Jugendliche mehr und mehr auf sich selber gestellt ist: Die Familie bietet immer seltener eine Schutzzone.

Neben dem Themenkomplex Liebe und Freundschaft sind vor allem die Frage der Identität – ihre Suche und Findung – und die damit einhergehende Rolle in Schule und Clique sowie die Eltern-Kind-Beziehung in dieser Gattung von Bedeutung.

Auch Boie stellt in NICHT CHICAGO. NICHT HIER. den schwierigen Prozess der Integration eines Jugendlichen in die Welt der Erwachsenen dar; so steht Niklas an der Grenze zwischen Kindheit und Erwachsensein. An einigen Textbeispielen soll dies näher erläutert werden. Niklas beschäftigt sich bis zu Karls erstem Besuch bei ihm zu Hause mit ‚Lego'-Technik. Bisher erschien ihm das weder kindlich noch unangemessen. Nach Karls Eindringen in Niklas' Welt jedoch hat sich seine Betrachtungsweise verändert und er hat das Interesse verloren – seine Kindheit wurde schlagartig beendet: „Es stimmt, er ist zu alt für Lego Technik. Es macht keinen Spaß mehr, sosehr er es auch versucht." (117) Ähnlich verhält es sich mit dem Verhältnis zu seinem Kaninchen Rex; übernahm es vor dem Zusammentreffen mit Karl die Funktion eines Tagebuches, dem Geheimes und Unverstandenes anvertraut werden konnte, so wird diese Vertrauensposition Schritt für Schritt zerstört: „Dann geht er nach draußen zu Rex. Früher hat er ihm alles erzählt. Natürlich können Kaninchen nichts verstehen." (42)

Karls Eintritt in Niklas' Welt verändert diese auf einmal. Dadurch macht Niklas eine Verwandlung durch.

Niklas' Interessen oszillieren dabei zwischen Kinder- und Erwachsenenwelt: So ist beispielsweise sein Musikgeschmack noch nicht ausgeprägt – „Musik findet Niklas nicht so aufregend." (20) – und er muss sich von seiner Schwester CDs ausleihen um vor Karl bestehen zu können; gleichzeitig fasziniert ihn das Verbotene und Unbekannte der Erwachsenenwelt:

„Dann darf Niklas an Karls PC. Im Internet gibt es nicht nur nackte Weiber. Plötzlich ist Niklas froh, dass Karl sein Freund ist.“ (40)

Karl scheint Teil einer Welt zu sein, die Niklas bisher nur von außen kennt; so wirkt Karl unbeeindruckt von der neuen Schulsituation, der Lehrerin und seiner Mutter. Gleichzeitig ist sein Zimmer aufgeräumt und weist nicht jene Züge von Rebellion auf, die Niklas zur Abgrenzung aufbietet. Trotz seines Unbehagens wird Niklas zugleich abgestoßen und angezogen von der Kälte und Dominanz Karls. Diese ambivalente Haltung zu Karl zwischen Abneigung und Faszination wird noch verstärkt durch den Umstand, dass Niklas keine richtigen Freunde hat.

Der Prozess von Niklas’ Erwachsenwerden, seine Orientierungslosigkeit und Identitätskrise zeigen sich auch in seinen Distanzierungsversuchen und -schwierigkeiten zu den Erwachsenen des Romans (Eltern, Lehrerin). Das Verschweigen schlechter Noten – „Wenn man zu Hause einmal nicht erzählt, dass man eine Fünf in der Mathearbeit geschrieben hat, ist das doch kein Lügen. Jeder hat solche Sachen schon mal nicht erzählt.“ (79) –, sein unaufgeräumtes Zimmer, das Überschreiten von familiären Regeln, z. B. die Computerbenutzung, sowie die Verschlossenheit gegenüber seinen Eltern und der Lehrerin können als Indizien eines sich verändernden Rollenverständnisses zwischen Eltern und Kind gewertet werden. Das Problem von Niklas’ Adoleszenz basiert vor allem auf dem Umstand, dass er fast ausschließlich auf sich selbst gestellt ist. Weder Familie noch Freunde stellen eine Unterstützung bei der Auseinandersetzung mit Karl dar. Eine Antwort auf die Frage, warum Karls Gewalt gegenüber Niklas in dem vorliegenden Maße eskalieren konnte, kann demnach nicht losgelöst von dem Komplex der Adoleszenz gesucht werden.

Die Leser können schrittweise nachvollziehen, wie sich auch Niklas Verhalten gegenüber den Erwachsenen ändert.

Kriminalerzählung

Obwohl das Thema und der Ausgang des Romans sowie der Täter der Gewalthandlungen von Anfang an feststehen und die Anlage des Romans mit seinem Nebeneinander der beiden Handlungs- und Zeitebenen für einen abstrakten, das identifikatorische Lesen unterbindenden Zugang zum Komplex der Gewalteskalation sorgen, ist der Roman in weiten Teilen der Tradition der Kriminalerzählung verpflichtet.

Unter dem Begriff Kriminalroman werden erzählende Prosatexte subsumiert, die von Verbrechen und ihrer Aufklärung handeln und an standardisierte Erzählmuster gebunden sind. Dabei lassen sich zwei Typen unterscheiden: Im Detektivroman findet das Verbrechen meist am Anfang statt und die Rekonstruktion des Tathergangs sowie die Überführung des Täters stehen im Mittelpunkt; eine herausgehobene Rolle nimmt folglich der ermittelnde Detektiv oder Polizist ein. Beim Kriminalroman im engeren Sinne sind Täter und Tathergang von Anfang an bzw. sehr früh bekannt; dieser Typ muss seine Wirkung und seinen Spannungsreiz aus anderen Momenten – beispielsweise der Täterpsychologie oder der Aufklärung des gesellschaftlichen, wirtschaftlichen oder politischen Hintergrunds – beziehen.

Die Schüler können in dem Roman ihnen bekannte Muster der Kriminalerzählung identifizieren, die ihnen aus Büchern oder dem Fernsehen vertraut sind. Dieses Wiedererkennen ermöglicht einen Zugang zum Text und erhöht zudem die Lesemotivation.

NICHT CHICAGO. NICHT HIER. ist in weiten Teilen dem zweiten Typ des Kriminalromans zuzuordnen: Nicht die Identifikation des Täters und die Aufklärung des Tathergangs erzeugen Spannung und einen Leseanreiz, sondern die Suche nach den Motiven des Täters, die Auseinandersetzung mit den Reaktionen der Beteiligten auf die Gewalthandlungen sowie die Dramaturgie des Tathergangs. Dabei folgt der Roman – von wenigen Ausnahmen abgesehen – der Mimese (Nachahmung) der Wirklichkeit: Der Verzicht auf eine poetische Sprache (vgl. Kap. 2.3.4) sowie die Dominanz der Handlung besonders in Form von Dialogen – reflektierende Passagen nehmen insgesamt einen kleinen Rahmen ein – sorgen dafür, dass sich der Leser stark mit der Handlung identifiziert. Trotz des Wechsels der Zeitebenen, der den Lesefluss vor allem für ungeübte Leser erschwert, ist ein Verbleiben innerhalb der Geschichte den ganzen Roman über problemlos möglich; eine Unterbrechung der Fiktion findet nur eingeschränkt statt.

Die Nähe zur Kriminalerzählung („Wo kein Motiv ist, da ist auch keine Tat, denkt Niklas. Gerade am Sonntag erst haben sie das im Krimi gesagt. Natürlich hatten sie Recht. Der Täter war schließlich ein anderer. Einer mit einem Motiv.", 82) ergibt sich zudem aus einer spannungsreichen Annäherung an den und immer wieder einsetzenden Entfernung von dem Höhepunkt. Weiterhin betätigt sich der Leser aufgrund der unklaren Motive des Täters, des Versagens der Niklas möglicherweise unterstützenden Personen und Instanzen (Elternhaus, Schule, Polizei) sowie aufgrund des Fehlens von brauchbaren Zeugen als aufklärender, eingreifender Co-Autor. Die Offenheit und Unklarheit in Bezug auf das Ende der Handlung lassen den Leser nach Lösungsmöglichkeiten und Auswegen aus der als belastend empfundenen Gewaltspirale suchen.

Gesellschaftskritik

Konzentrierten sich die vorangegangenen Ausführungen überwiegend auf den Aspekt der Entwicklungspsychologie der Hauptfigur sowie die Gestaltung der Handlung selbst, so fokussiert der folgende Zugang zum Text auf die gesellschaftskritische Dimension des Romans.

Dabei nimmt der Themenkomplex der Gewalt eine zentrale Rolle in NICHT CHICAGO. NICHT HIER. ein: Wie ein Leitmotiv ziehen sich die verschiedenen Gewalthandlungen durch den Text und bestimmen entscheidend das Handlungsgerüst, die Figurenkonstellation und damit den Alltag von Niklas und seiner Familie. Alle Figuren, Reflexionen und Dialoge stehen in direktem Zusammenhang mit den Gewalthandlungen. So geht beispielsweise Niklas dazu über, morgens einen früheren und nach der Schule einen späteren Bus zu nehmen um Karl nicht mehr zu begegnen. Als Reaktion auf Karls Telefonterror legt die Familie den Hörer neben die Gabel und ist somit nicht mehr erreichbar: „‚Sollen wir nie mehr ans Telefon gehen?', schnauzt Thomas. ‚Nur weil dieser Kerl […]'" (38).

Mobbing selbst ist in den Schulen nach aktuellen Statistiken stark verbreitet. Dieser Umstand evoziert ein großes Interesse des Lesers an dieser Thematik und damit verbunden eine hohe Lesemotivation.

Obwohl sich der Erzähler jeder Deutung des Geschehens enthält, kann sich der Leser der Thematik und seiner eigenen Verantwortung in diesem Zusammenhang nicht entziehen: Er muss – vor allem in Hinblick auf die Leerstellen des Textes – Stellung beziehen.

Um die Reaktionen der einzelnen Personen auf die Vorkommnisse differenzierter bewerten zu können, erscheint es sinnvoll, zunächst eine Definition der Begriffe der Gewalt und des Mobbings vorzunehmen. Der Begriff Gewalt ist sowohl in der öffentlichen wie in der wissenschaftlichen Diskussion unscharf gefasst. Brauchbar erscheint folgende Definition, mit der im Folgenden weiter operiert werden soll:

Gewalt ist die zielgerichtete, direkte physische und psychische Schädigung von Menschen durch Menschen sowie die Einbeziehung von körperlichen Angriffen auf Sachen. (Schwind & Baumann 1990, 35, sowie Olweus 2002).

Das Wort Mobbing stammt ursprünglich aus Skandinavien und steht dort für Gewalttätigkeit oder Probleme mit Gewalttätern und -opfern. Dabei versteht man unter Mobbing

- wiederholte schikanöse Handlungen,
- die verdeckt bis offen
- ein oder mehrere Mobber – in diesem Fall Karl und später Rocky –
- über einen längeren Zeitraum (3–6 Monate) ausüben.
- Man muss von einer Eskalation in Häufigkeit, Dauer und Art ausgehen,
- die zur Beeinträchtigung der Psyche und Physis des Opfers und einer Ausgrenzung aus sozialen Gefügen, beispielsweise der Klassengemeinschaft, führen.

Thema Gewalt: Nicht Chicago. Nicht hier. veranschaulicht eine typische Mobbingspirale.

Betrachtet man den Roman unter den vorangegangenen Ausführungen, so wirken die Protagonisten und ihre Geschichte wie das Fallbeispiel eines Mobbinglehrbuches. Obwohl sich Nicht Chicago. Nicht hier. auf die Darstellung eines kurzen Zeitraums beschränkt und die Täterseite weitgehend ausgespart wird, zeichnet Boie doch das präzise Bild einer Mobbingspirale: Dargestellt werden die gewaltsamen Aktivitäten, die Folgen für das betroffene Opfer – in diesem Falle Niklas und seine Familie – sowie die unterschiedlichen Reaktionen auf die Gewaltakte. Boies genaue Beschreibung der Mobbingvorfälle ermöglicht dabei nicht nur eine Auseinandersetzung mit der Gewaltthematik selbst, sondern vor allem einen vertieften Zugang zum Text.

Eine Lesart, die ein gesellschaftliches Phänomen – die Gewalt – und damit automatisch auch die Täter-Opfer-Konstellation in den Mittelpunkt stellt, hebt auf eine eigenständige Rolle des Rezipienten ab:

Ausgehend von einer bei der Lektüre entstehenden Betroffenheit oder Antipathie gegenüber den verschiedenen Personen stellt sich die Frage der Identifikation. Der Leser ist aufgerufen, die Vorkommnisse einzuordnen, zu bewerten und Position zu beziehen. Besonders durch die Aussparung der Tätermotive entsteht hier im Roman eine zentrale Leerstelle, die nicht nur durch die Gewaltproblematik selbst explizit markiert wird („Jungen wie Karl kommen in ihrer Welt nicht vor. Es gibt keine Menschen, die gemein sind ohne Grund.“, 82), sondern dessen Existenz auch beständig thematisiert wird:

Bei der Auseinandersetzung mit den Leerstellen eines Textes ist entscheidend, was im Werk vorhanden ist und was nicht. Ausgespart werden können Teile der narrativen Sequenz, Informationen in Bezug auf Zeit und Ort der Handlung und Personen.

> „Warum macht der Junge das alles?“, fragt Karin.
> Niklas weiß, dass sie immer diese Fragen stellen. Eltern. Frau Römer.
> Er stellt sie nicht. Ihm genügt, dass Karl tut, was er tut. (90)

Diese Leerstelle, die unter anderem durch die formalen Aspekte der Erzählperspektive sowie des offenen Endes noch erweitert wird, erfordert vom Leser in hohem Maße eine Co-Autorenschaft

Zwischen Fiktion und Realität

Offenbarte die Auseinandersetzung mit der Thematik der Gewalt ein hohes Maß an Authentizität sowie Realitätsnähe des Romans, so stellt sich in diesem Kontext die Frage nach dem Verhältnis von Fiktion und Realität im vorliegenden Text. Betrachtet man Fiktion als den grundlegenden Status mimetischen Erzählens, so erwartet der Leser von einem Roman eine interessante, kohärente, handlungs- und ereignisreiche Geschichte, die sinnvoll und wahrscheinlich zu sein hat – es sei denn, das Genre gibt wie beispielsweise bei Fantasieromanen einen anderen Plot vor. Versteht man demnach die Handlung als Struktur- und Inhalts-

Ausgehend von der Frage, inwieweit der Roman tatsächlich die gesellschaftlichen Zustände abbildet und die Gewalt unter Jugendlichen widerspiegelt, lässt sich eine Diskussion über das Verhältnis von Fiktion und Realität einleiten.

element der Geschichte, so muss sie beim Rezipienten den Eindruck erwecken, eine zweite Wirklichkeit zu erfahren: Mimetisches Erzählen ist demnach Illusionskunst. Wahrscheinlichkeit, Notwendigkeit und Sinnzentriertheit werden dabei zu entscheidenden Kategorien der Epik. Die Verschleierung der Künstlichkeit des Werkes, die sich ebenso in Sprache und Stil wie in Bezug auf die Gestaltung der Handlung und der Figuren manifestiert, lässt die Nachahmung der Wirklichkeit zum zentralen Merkmal des Romans werden. Auf dieser Folie sollen die Figuren und die Handlung von NICHT CHICAGO. NICHT HIER. im Folgenden betrachtet werden; es ist zu untersuchen, inwieweit der vorliegende Roman ein Abbild der Wirklichkeit darstellt und die dargestellten Ereignisse eine Scheinrealität aufzubauen vermögen.

An mehreren Stellen wird im Roman der Vergleich zum Film gezogen; zuerst bemüht Karin Niklas' Medienkonsum zur Begründung seines Verhaltens und ordnet die Erklärungsversuche ihres Sohnes in das Reich der Fiktion ein: „Solche blödsinnigen Schauergeschichten! Du siehst zu viel falsche Filme!" (59) Auch der Buchtitel selbst, der von Karin erstmals im Kontext mit dem Messerangriff auf dem Fahrrad als Demonstration der Unwahrscheinlichkeit von Niklas' Darlegungen verwendet wird, deutet auf die Nähe zur fiktiven Welt des Films:

> „Hör auf!", sagt Karin scharf. „Warum hätte dieser Karl das auch tun sollen? Dir auflauern! Das hätte ich mich doch eigentlich gleich fragen müssen! Das tut doch niemand so ohne Grund! Hier ist doch nicht Chicago!" (59)

Wird hier der Eindruck erzeugt, es würden zwei verschiedene Welten nebeneinander existieren, die sich klar voneinander trennen lassen, so kommt im weiteren Verlauf des Romans eine zusätzliche Bedeutungsebene hinzu, auf die der zweite Teil des Buchtitels hindeutet: NICHT HIER. Der Versuch, den eigenen Standort zu fixieren, scheitert: Das Geschehene lässt sich weder in einer fernen, fiktiven Welt verorten oder erklären, noch hat es im Hier seinen Platz. Amerika – und hier geht es nicht um das reale, sondern vielmehr um das medial präsentierte – und Deutschland, Fiktion und Realität lassen sich nicht mehr

Der Titel des Romans NICHT CHICAGO. NICHT HIER. gibt dem Leser Aufschluss über das Verhältnis zwischen fiktiver und realer Welt im Text.

sauber voneinander trennen; herkömmliche Erklärungsmuster greifen nicht länger für die Vorkommnisse. Die Wirklichkeit reicht nicht aus um das Geschehene zu begreifen: „Der Himmel sieht aus wie in Vampirfilmen, Wolken jagen vor dem Mond.“ (126)

Dass nicht nur Niklas' Eltern, sondern auch er selber Probleme bei der Standortfixierung haben, verdeutlicht seine Begegnung mit Rocky und Karl am Feuerwehrteich: „Niklas spürt den Regen. Der Regen macht alles wirklich. Sonst könnte es ein Film sein, schon einmal ist er am Feuerwehrteich in einen Film geraten. In Filmen wird man nicht nass.“ (96) Das eigene Leben wird immer weniger als Wirklichkeit wahrgenommen. Erst die Tatsache, dass Niklas Verbündete im Kampf gegen Karl gefunden hat, bewirkt, dass er wieder zwischen Fiktion und Wirklichkeit unterscheiden kann:

> Aber jetzt weiß Niklas plötzlich, was er tun muss. Nein, dies ist kein Film, dies ist Wirklichkeit, es regnet, und der Feuerwehrteich ist nicht Chicago und Thomas und Karin glauben ihm jetzt. Dies ist kein Film und Karl hat sein Quix gestohlen. (96)

2.2 Thematische Aspekte

Die in Boies Roman auftretenden Figuren stehen alle in einem direkten Zusammenhang mit den von Karl ausgeführten Gewalthandlungen und den daraus für Niklas resultierenden Problemen.

2.2.1 Figurenkonstellation

Aufgrund der Erzählperspektive sowie der Konzeption der Handlung findet eine Fokussierung auf Niklas und seine Familie und damit auf die Seite der Opfer statt. Aus diesem Grund erzeugen weniger die Identifikation des Täters und die Aufklärung des Tathergangs Spannung und Leseanreiz, sondern die Suche nach den Motiven des Täters und die Auseinandersetzung mit den Reaktionen der verschiedenen Personen auf die Gewalthandlungen. Gleichzeitig entstehen aus dieser Erzählperspektive zentrale Leerstellen, die besonders die Motive des

Zentral bei der Untersuchung der Figuren ist die Frage nach den Motiven des Täters Karl.

Täters betreffen. Die Figuren selbst zeichnen sich durch eine realitätsnahe Darstellungsweise aus – dies betrifft sowohl die Darstellung der Charaktere als auch ihrer Sprache. Obwohl die Autorin auf Psychologisierungen verzichtet, vermittelt der Roman doch einen differenzierten Blick auf die Persönlichkeit der verschiedenen Personen.

Niklas

Durch das Nebeneinander der beiden Handlungs- und Zeitebenen wird Niklas dem Leser zunächst in seinem Prolog vorgestellt, der in einem deutlichen Kontrast zu seiner sonstigen charakterlichen Disposition steht: Selten vernimmt man den Ich-Erzähler so deutlich und laut wie zu Beginn und am Ende des Romans. Der Prolog (siehe dazu auch die 2. Unterrichtsstd.) stellt eine Art Rahmenhandlung dar, der durch die achtmalige Wiederholung des Personalpronomens ‚ich' eine staccatohafte, atemlose Einstimmung auf Niklas' Gefühlswelt vermittelt. Die inhaltliche wie formale Wiederholung der Aussagen, die Umgangssprache sowie das Abbrechen des zweiten Satzes demonstrieren gleichermaßen Niklas' Aggression wie seine Ohnmacht. Der Prolog kann als Aufschrei verstanden werden, der auch nach 120 Seiten ohne Veränderung in seiner Heftigkeit und Gewalttätigkeit hervorgebracht wird und dadurch wie ungehört über das offene Ende hinaus erschallt.

Der Protagonist Niklas umschließt mit seinem Pro- und Epilog, die wortidentisch sind, die eigentliche Handlung des Romans.

Dabei wird der Siebtklässler Niklas zunächst als unauffälliger, eher kindlicher und sensibler Junge beschrieben, der beispielsweise beim Verlust seines Kaninchens heftige Gefühlsäußerungen zeigt: „Niklas' Heulen ist in ein Schluchzen übergegangen." (7) Er hat die Fähigkeit seine Mitmenschen genau wahrzunehmen und zu beschreiben („Rocky ist zwei ganz verschiedene Menschen.", 67) sowie Empathie zu empfinden:

> Niklas legt sich auf sein Bett. Er muss nicht einmal mehr weinen. Er kann Thomas verstehen und vielleicht sogar Frau Römer. Jungen wie Karl kommen in ihrer Welt nicht vor. Es gibt keine Menschen, die gemein sind ohne Grund. (82)

Die Auseinandersetzungen mit seinen Eltern und seiner Schwester scheinen überwiegend typische Pubertätsthemen zu beinhalten (schlechte Noten, unaufgeräumtes Zimmer etc.).

Untersucht man die Rolle, die Niklas im Romangefüge einnimmt, so dominiert die des Opfers. In diesem Zusammenhang ist von Interesse, was eine Person als potenzielles Opfer für einen Täter interessant macht. Mit dieser Frage beschäftigt sich eine Teildisziplin der Kriminologie – die Viktimologie. Diese Lehre vom Opfer (engl. victim) einer Straftat fragt unter anderem, welche Signale jemand aussendet um für einen Mobber als Opfer in Frage zu kommen. Im Falle Niklas ist es weniger seine körperliche Schwäche, aus der für den Täter eine hohe Erfolgswahrscheinlichkeit seiner Aktivitäten resultiert. Ebenso liegen bei Niklas keine von der in der Klasse herrschenden Gruppennorm abweichenden Merkmale wie besondere körperliche Auffälligkeiten (Dicksein, Behinderung) oder ethische Einstellungen (zum Beispiel Religionszugehörigkeit) vor. Es gibt keinerlei Hinweise im Roman, dass sein Verhalten von den Mitschülern als provozierend empfunden wird: So zeigt Niklas weder eine hohe Erregbarkeit noch besitzt er eine geringe Anpassungsfähigkeit. Auch besondere schulische Leistungen oder Sozialneid weckende äußere Merkmale kommen hier nicht in Betracht um ihn zu einem Außenseiter werden zu lassen. Allein die unter dem Begriff der Aggressionshemmung subsumierten Attribute bieten ein Erklärungsmodell für Karls Auswahl: So sind typische Opfer meist still, empfindsam und einsam, ängstlich sowie weinerlich und neigen dazu, passiv, unsicher, zum Teil sogar depressiv zu sein und mit geringem Selbstwert aufzutreten.

Niklas' charakterliche Disposition spiegelt den Grundkonflikt des Romans und den Umgang mit der Gewaltthematik wider.

Treffen auf Niklas zahlreiche der angeführten Adjektive/Eigenschaften zu, so ist zusätzlich seine charakterliche Unstetigkeit entscheidend, die ihn zur Zielscheibe für Karls Aggressionen werden lässt und auf die bereits im Zusammenhang mit den Darlegungen zum Adoleszenzroman verwiesen wurde. Niklas befindet sich in einem Zustand der Reifung und der starken Beeinflussbarkeit: Im Zusammensein mit Karl fühlt er sich klein – „schrumpft“ (21) – und unsicher. Obwohl zwischen Karl und Niklas keine richtige Kommunikation stattfindet

(„Was er sagt, spielt keine Rolle, was er fragt, wird nicht beantwortet.“, 31) und er sowohl Unwohlsein als auch Angst in Karls Gegenwart empfindet, sehnt er sich nach Karls Anerkennung: „Niklas spürt, wie etwas in ihm plötzlich ganz locker wird, etwas, von dem er vorher nicht gewusst hat.“ (32) Trotz der Diebstähle und des Gasangriffs ist Niklas' Verhalten noch von Hoffnung getragen. Er ist „neugierig“ (54), wie Karl sein Verhalten erklären kann, fordert eine Entschuldigung und erträumt sich doch gleichzeitig eine harmlose und logische Erklärung der gesamten Vorkommnisse. Im nächsten Moment jedoch fühlt er sich „dumm und lächerlich“ (57). Unklar bleibt, ob mit diesem Zustand seine Hoffnung oder das Weglaufen vor Karl gemeint ist. Im weiteren Verlauf der Handlung jedoch verliert Niklas die Kontrolle über seine Gefühle und sieht sich dem Oszillieren zwischen Ohnmacht und Aggression ausgesetzt:

Karls „Attacken“ provozieren bei Niklas sowohl Ohnmacht als auch Aggression.

> Er hat schon lange nicht mehr geweint. Er versteht nicht, warum er sich jetzt nicht stoppen kann.
> „Ich bring ihn um!“, sagt Niklas. Er zittert, als Karin ihm Jod auf die Hand tupft, auf die Schramme am Bein. (57)

Das Gefühl der Unsicherheit wird noch durch den Umstand verstärkt, dass er sich von niemanden verstanden bzw. ernst genommen fühlt und er erst sehr spät Rückhalt von seiner Familie erfährt (vgl Kap. 2.2.1 unten).

Auch das Fehlen richtiger Freunde und damit einer nicht vorhandenen sozialen Einbindung verstärken das Gefühl der Ohnmacht: Außer Hendrik wird allein Rocky explizit angeführt, mit dem Niklas näher zu tun hat. Während Hendrik als reiner Arbeitspartner beschrieben wird und ihre Beziehung damit allein auf der Zweckebene zu existieren scheint („Nicht dass sie direkt befreundet sind; aber sie sitzen nebeneinander, schon das ganze Schuljahr, und Hendrik ist auch nicht so gut.“, 17), ist das Verhältnis zu Rocky äußerst ambivalent. Einerseits zieht Rocky Niklas nach dem Konfirmandenunterricht in Bezug auf seine Waffen ins Vertrauen (68). Andererseits beteiligt sich Rocky an dem Übergriff auf Niklas im Zusammenhang mit dem gestohlenen Quix und wird damit zum Verbündeten Karls; als Zeuge für eine mögliche Anzeige ist er somit ebenso wenig brauchbar wie als unterstützende Instanz. Im Verlauf der Ereignisse wirkt Niklas zwar nicht wie ein Außenseiter, doch macht ihn die mangelnde Integration in eine feste Gruppe oder einen Freundeskreis zum idealen Opfer für Karl.

Karl

Bereits die Einführung der Figur Karl im zweiten Kapitel offenbart seine wesentlichen Charakterzüge: Er steht „sicher, breitbeinig" (13), artikuliert sich drastisch und verwendet Kraftausdrücke, dominiert die Kommunikation, provoziert sein Gegenüber und weist deutliche Zeichen von Imponiergehabe auf:

> Der Neue lässt eine Kaugummiblase platzen. Niklas wüsste gern, ob in der Zigarettenschachtel, die den ganzen Morgen schon aus seiner Brusttasche geguckt hat, wirklich Zigaretten stecken. Er glaubt es aber eigentlich nicht. (14)

Karl, der als „klug" (20), „kalt" (15) und dominant beschrieben wird, setzt seine Meinung unmissverständlich und von seiner Umwelt scheinbar unbeeindruckt durch. Im Unterricht tut er, „als wäre er nicht da" (30), unterläuft gängige Verhaltensmuster und ruft dadurch bei seinen Mitmenschen Irritationen hervor. „[...] und Frau Römer zuckt zusammen. Kaum merklich. Aber Niklas sieht es genau." (16) Niklas' Reaktion auf die erste Begegnung mit Karl ist von Anspannung gekennzeichnet: Bereits die Ankündigung der Lehrerin, dass Karl und er zusammenarbeiten sollen, löst Unbehagen bei ihm aus: „Kann sein, der Neue macht ihm Angst." (17)

Wirkt Karl in weiten Teilen des Romans unbeteiligt und desinteressiert an seiner Umwelt und seinen Mitmenschen, so ist doch die Wirkung, die er evoziert, genau kalkuliert. Von wenigen Ausnahmen abgesehen, erscheint sein Auftreten kontrolliert. Obwohl er beispielsweise im Unterricht abwesend wirkt, entwickelt er doch bei der Ausarbeitung des Geschichtsreferates so viel Ehrgeiz, dass er eine gute Note erhält. Auch muss sein Verhalten in der Schule in dem Maße angepasst sein, dass Frau Römer am Ende stärker für ihn als für Niklas Partei ergreift.

Untersucht man in diesem Zusammenhang, welche Motive für Karls Gewalthandlungen in Betracht kommen, so müssen verschiedene Aspekte berücksichtigt werden: Häufig wollen Täter Stärke und Größe demonstrieren und dadurch eigene Defizite kompensieren; inwieweit diese bei Karl vorliegen, kann aufgrund des Textes nicht entschieden werden. Dass aber das Erlangen von Macht und Überlegenheit eine zentrale Rolle spielt, verdeutlicht die von Karl auf Niklas hervorgerufene Wirkung.

Wie entscheidend das Erreichen von Kontrolle – über sich und andere – ist, zeigt sich besonders im Zusammenhang mit folgenden Textstellen: Während die genaue Planung von Karls Taten, das Anführen von Zeugen sowie sein partielles Angepasstsein auf einen rationalen und kontrollierten Menschen schließen lassen, verliert sich diese Fassade doch in einigen zentralen Momenten: So wirkt Karls Gesicht, „das Niklas nie hat lächeln sehen“, nach dem Gasangriff „verzerrt“ (41). Auch als Thomas zusammen mit Niklas Karls Zuhause aufsucht, um das gestohlene Laufwerk zurückzufordern, verliert Karl die Kontrolle über sich: Es kommt zu verbalen Entgleisungen vor seiner Mutter und Thomas und sein Gesicht wird „rot vor Zorn. Er sieht aus, als wolle er gleich auf Niklas losstürzen.“ (81)

Ob diese heftige Reaktion durch die Anwesenheit der beiden Erwachsenen oder einen möglicherweise drohenden Kontrollverlust hervorgerufen wird, lässt sich an dieser Stelle nicht mit Bestimmtheit sagen. Besonders nach dem Gasangriff wird jedoch deutlich, dass Verletzungen an anderen für Karl zu Trophäen der Selbstbestätigung werden („‚Alter!‘, schreit Karl. ‚Alter!‘ An der Küchentür lehnt Karl und krümmt sich vor Lachen.“, 42) und dass es ihm darum geht, seine Überlegenheit zu spüren. Wut und Lust werden ausgelebt, Spaß soll empfunden und Langeweile überwunden werden.

Als weitere, allerdings nur nachrangige Tätermotive in NICHT CHICAGO. NICHT HIER. kommen sowohl ein Prestigegewinn als auch die Anerkennung in der Gemeinschaft in Frage. Obwohl Karl durchaus ein reales Interesse an Thomas' CD-ROM-Laufwerk hat („Ich hab nur acht Speed. Ich will das hier mal ausprobieren.“, 33) und er sich erstaunlich schnell im neuen schulischen Umfeld mit den entscheidenden Meinungsführern zusammenschließt, spielen

Ziel der Texterschließungsverfahren in diesem Zusammenhang sind demnach die Beschreibung der Rätsel sowie das Aufdecken der Widersprüche; hier müssen besonders die produktiven Verfahren ansetzen.

die beiden angeführten Aspekte doch nur eine untergeordnete Rolle. Sie werden im Text nicht näher ausgeführt – Karls sozialer Hintergrund gibt keine weiteren Aufschlüsse, sein Verhalten in der Gruppe ebenso wenig – und entsprechen auch nicht den wesentlichen Zügen seiner charakterlichen Disposition. Über die Ursachen und Motive der von Karl gegenüber Niklas unternommenen verbalen wie tätlichen Aggressionen lässt sich abschließend demnach nur spekulieren; weder sein Elternhaus, das als gutbürgerlich dargestellt wird (89), noch andere gängige Erklärungsmuster können zufriedenstellend bemüht werden; psychologische oder soziale Hintergründe werden nicht näher ausgebreitet. Da jedoch die Leerstelle deutlich markiert, also thematisiert wird – besonders, wenn man den Roman auf der Folie einer Kriminalerzählung liest –, erzeugt sie insgesamt nur wenig Unsicherheit für den Leser.

Niklas' Familie

Verglichen mit Karl und seiner Familie erfährt man auch über das soziale Umfeld von Thomas und Karin nur aus Randbemerkungen; beide scheinen trotz ihrer Berufstätigkeit durchaus in der Familie präsent zu sein und Anteil am Familienleben zu nehmen. Während Thomas als der emotionalere Teil der Eltern beschrieben wird, der „hilflos" (7) dem Kaninchendiebstahl gegenüber steht und Mitleid selbst für einen potenziellen Täter empfindet (10), erscheint Karin in weiten Teilen des Romans pragmatisch und gefühlskalt. Das Anführen eines erkalteten Nudelauflaufs, eines zu wenig beachteten Rezeptes oder einer drohenden Erkältung im Zusammenhang mit Niklas' Ängsten und Sorgen rufen beim Leser Irritationen hervor: „‚Ihr müsst euch doch nicht auch noch erkälten!', sagt sie. ‚Wenn Rex weg ist, ist das natürlich nicht schön, aber ihr müsst euch doch nicht auch noch …'" (7). Ob Karins Verhalten auf Unsicherheit, mangelnde Empathie oder den Wunsch, den gesellschaftlichen Erwartungen zu entsprechen, zurückzuführen ist, lässt sich nicht eindeutig klären, zumal sie durchaus empfänglich für Karls Wirkung ist: „Irgendetwas ist sonderbar an ihm, ich weiß nur nicht, was." (21) Schwer nachvollziehbar ist

Das nur ansatzweise nachvollziehbare Verhalten von Niklas' Eltern wird im Zusammenhang mit den Ursachen der Gewalteskalation thematisiert.

auch der Umstand, dass sowohl Karin als auch Thomas über weite Strecken eher Karl als ihrem eigenen Sohn Glauben schenken. Führt Thomas noch das Verschweigen der schlechten Mathematikarbeit und das Übertreiben seines Sohnes (103) für dessen mangelnde Glaubwürdigkeit an, so scheint für Karin der Umstand, dass die Vorkommnisse um Karl nicht in ihr Weltbild passen, ausreichend zu sein. So lässt sie sich, als sie ihren Sohn nach Karls Übergriff mit dem Messer verarztet hat, überraschend schnell von Karls Eltern überzeugen, dass ihr Sohn sie angelogen habe (57–60). Auch verwirrt ihr Geiz angesichts der Brisanz der Situation: Dem Vorschlag, den Telefonterror durch eine Fangschaltung zu beenden, begegnet Karin aufgrund der hohen Kosten (92) mit Skepsis.

Die Beziehung der Eltern zu Niklas ist zunächst von mangelndem Vertrauen und Unverständnis gekennzeichnet.

Die Lage verändert sich erst, nachdem Thomas und Karin eindeutige, für sie nachvollziehbare Beweise für die Unschuld ihres Sohnes erhalten: So entschuldigt sich Thomas nach dem Anruf der Quixzentrale bei seinem Sohn und demonstriert seine Unterstützung. Obwohl er Niklas seitdem Glauben schenkt, ist seine Haltung zu ihm weiterhin ambivalent. So geht es Thomas nach dem Abhören der mitgeschnittenen Drohungen Karls am Telefon weniger um seinen Sohn als um sich: „‚Ich will meine Ruhe, verdammt! Seit Wochen dreht sich in diesem Haus […]'“ (62). Auch Karin lässt sich nur durch den Umstand von Karls Schuld überzeugen, dass Svenja Karl und Rocky im Bus belauscht hat (110). Jetzt ist sie bereit, die Anzeige nicht zurückzuziehen.

Versucht man, die Beziehung zwischen Niklas und seinen Eltern zu charakterisieren, so fällt auf, dass das Vertrauen und die Kommunikation zwischen Eltern und Kind gestört wirken. Beide Seiten sind nicht in der Lage, sich an die im Rahmen der zunehmenden Gewalteskalation veränderte Situation anzupassen und angemessen zu reagieren. Die Konfrontation mit Niklas' pubertätsbedingter Identitätssuche und seiner neuen Rolle zwischen Kind und Erwachsenen offenbart, dass eine Auseinandersetzung mit diesem Thema auch auf Seiten der Eltern bisher nicht bzw. nur bedingt stattgefunden hat. Es fällt beispielsweise auf, dass Thomas als Reaktion auf das gestohlene

CD-ROM-Laufwerk eine Woche lang nicht mit seinem Sohn spricht (86); der Konflikt selbst wird nicht ausgetragen. Niklas und seine Klassenkameraden sind für ihn Kinder, die zur Ausübung von Gewalt nicht fähig sind: „Keine Einbrecher. Keine Gewalt. Ein Kind.“ (10) Dass dabei weniger die Sorge um den eigenen Sohn und eine mögliche Lösung der Probleme, zu der neben dem Erstatten einer Anzeige und Telefongesprächen mit Eltern und Mitschülern keinerlei weitere Anstrengungen unternommen werden, im Mittelpunkt von Thomas‘ und Karins Interessen stehen, verdeutlicht der nachfolgende Gesprächsausschnitt, der eine ansonsten selten vorkommende Einigkeit zwischen den Ehepartnern aufweist:

Aufgrund der nur wenig erfolgreichen Hilfestellungen der Eltern bietet sich in Bezug auf das offene Romanende eine Diskussion über weitere Lösungsmöglichkeiten des Konfliktes an.

„Katja aus der Neunten kennt welche, wenn sie denen Bescheid sagt …“
„Keine Gewalt!“, sagt Karin.
„Keine Selbstjustiz!“, sagt Thomas. Gleichzeitig. […]
„Wir sind doch hier nicht in Chicago“, sagt sie. (92)

Auch die beinahe kindlich-naive Reaktion von Niklas auf das wiedergewonnene Vertrauen seiner Eltern („Alles wird gut.“, 87, 99) steht im deutlichen Gegensatz zu seinen im Prolog geäußerten Gefühlsbekundungen und offenbart die Unausgewogenheit in der Eltern-Kind-Beziehung.

Svenja hingegen wirkt als einziges Familienmitglied in Bezug auf die dargestellten Probleme geradlinig; selbstbewusster und eigenständiger als ihr Bruder vertritt sie unmissverständlich ihre Interessen und bezieht Opposition vor allem gegenüber der Naivität, Neugierde und dem Pragmatismus ihrer Mutter:

Durch lautes Vorlesen der entsprechenden Dialoge lässt sich der unterschiedliche Umgang mit dem Konflikt anschaulich darstellen.

Svenja stöhnt. „Karin!“, sagt sie. „Echt jetzt, das nervt so! Warum willst du immer wissen, was die Eltern machen? Der kann trotzdem ein Arsch sein, auch wenn die Mutter Pastorin ist, und total nett, wenn der Vater Banken ausraubt.“ (21)

Auch hinsichtlich der Ereignisse zwischen Niklas und Karl, in deren Kontext Svenja ausschließlich auftritt und beschrieben wird, bezieht sie von Anfang an dezidiert ihre Meinung und scheut nicht die Konfrontation mit der indefiniten Haltung ihrer Mutter: „‚Karin!‘, sagt Svenja. ‚Sei jetzt endlich mal still!‘“ (7) Mit ihrer realistischen, ehrlichen (8), zum Teil auch halsstarrigen (11) und sarkastischen Haltung stellt sie einen Kontrapunkt zu der Unentschlossenheit der übrigen Familienmitglieder dar und grenzt sich so zugleich von ihnen ab. Trotz Svenjas Anteilnahme an Niklas' Problemen wirkt sie – nicht zuletzt aufgrund ihrer Unabhängigkeit – am wenigsten überfordert und beeinträchtigt durch die Vorkommnisse.

Frau Römer

Neben den primär betroffenen Personen und ihren Familien stellt Frau Römer ein zusätzliches Bindeglied zwischen Niklas und Karl dar und ermöglicht eine weiterführende Auseinandersetzung mit den Vorkommnissen. Das Bild, das von der Lehrerin im Laufe des Romans gezeichnet wird, weist jedoch zahlreiche Brüche und Unstimmigkeiten auf: Wird Frau Römer aus Niklas' Sicht als eine selbstsichere, in weiten Teilen souveräne Lehrerpersönlichkeit beschrieben, der die Schüler im Wesentlichen Achtung entgegenbringen („Frau Römer ist nicht schlecht, aber ihre Sitzordnungen sind grausam.“, 16), so scheint es ihr doch an Einfühlungsvermögen zu mangeln. Die erste Begegnung mit Karl offenbart zudem Zeichen von Unsicherheit: Das anfängliche Lächeln, mit dem sie Karl der Klasse vorstellen will, wird aufgrund von Karls Ignoranz und Gleichgültigkeit von einem Zusammenzucken unterbrochen und degradiert nach der Einteilung der Klasse in Gruppen zu einem bloßen Versuch (16–18).

Die ambivalente Rolle der Lehrerin und ihre unbefriedigenden Lösungsansätze werden im Rahmen der Auseinandersetzung mit dem offenen Ende produktiv umgesetzt.

Dieser Eindruck verstärkt sich auch in den sich anschließenden Gesprächen zwischen Niklas und Frau Römer, die ausschließlich die Beziehung zu Karl und die Konsequenzen für Niklas thematisieren; ansonsten bleibt die Lehrerin für den Rezipienten gesichtlos. Während Frau Römer anfangs einfühlsam und verständnisvoll erscheint und sich um Niklas' Verständnis und seine Kooperation bemüht, indem sie ihn ins Vertrauen zieht, bleiben ihre Erklärungsversuche für Karls Verhalten – seine Abwehrhaltung müsse als Schutzmaßnahme und Hilfeschrei verstanden werden – in weiten Teilen klischeehaft: „Es ist nur eine Lehrererklärung. Man weiß immer vorher, wie Lehrer solche Dinge erklären.“ (54) Ob Frau Römer weitere, dem

Leser unbekannte Zusatzinformationen über Karl und seine Familie hat, bleibt offen, ist jedoch wenig wahrscheinlich: „[…] wir wissen ja auch nichts über seine Familie." (64)

Beim zweiten Gespräch mit Niklas über Karl wirkt Frau Römer bereits weniger verständnisvoll; ungeduldig und „scharf" (64) fordert sie von Niklas Empathie: Karl brauche eine Chance, er habe sicherlich ein ihnen unbekanntes Problem. Erst als Niklas den Überfall anspricht, wird sie „nachdenklich" (65), glaubt aber Niklas ebenso wenig wie seine eigenen Eltern, da ihr ein plausibler Grund für Karls Verhalten fehlt.

Frau Römer „verteidigt" Karl und sucht als einzige Figur Gründe für sein Verhalten.

Das letzte Gespräch zwischen Frau Römer und Niklas findet im Bus statt: Weniger die Beziehung zu Karl als Niklas' nachlassende schulische Leistungen scheinen sie zu beunruhigen. Dass sie plant, bei der neuen Sitzordnung Niklas neben Karl zu platzieren, zeigt, wie wenig sie die eigentliche Dimension der eskalierenden Gewalt erfasst hat. Dieser Eindruck verstärkt sich auch im Telefongespräch mit Thomas: Frau Römer wirkt zwar nachdenklich, verhalten und vorsichtig, ihr eigenes Handeln aber stellt sie nicht in Frage. Die Verantwortung wird nun eindeutig auf Niklas' „übermäßige irrationale Abneigung" (121) sowie seine schulischen Defizite geschoben. Es folgen weder eine Entschuldigung noch ein Lösungsvorschlag, der über einen Schulwechsel hinausreicht. Im Hinblick auf die Figurenkonstellation des Romans ist auffällig, dass Frau Römer die einzige Protagonistin bleibt, die explizit Motive bzw. Gründe für Karls Verhalten anführt.

2.2.2 Aufbau und Gestaltung der Handlung

Muss die Nachahmung der Wirklichkeit als zentrales Merkmal mimetischer Erzählkunst verstanden werden, so erscheint es sinnvoll, als Folie für eine Interpretation des Romans auf eine Analyse realer Gewaltdarstellungen und ihre Erklärungsmodelle zurückzugreifen. Der Aufbau der Romanhandlung weist in diesem Zusammenhang erstaunliche Parallelen zum Modell, wie Mobbing und Gewalthandlungen funktionieren, auf. Aus diesem Grunde soll eine der Thematik zugrunde liegende Systematik als Basis für eine intensive Analyse des Handlungsgerüstes des Romans verwendet werden, die von den Aktivitäten der Mobber ausgeht und die Reaktionen sowie Folgen für den Betroffenen und sein Umfeld beschreibt. Die Analyse einer Schlüsselszene rundet die Betrachtungen ab.

Aktivitäten der Mobber

Untersucht man die Dramaturgie der Handlung und damit den Aufbau des Romans selbst, so ist das zentrale Thema Karls aggressives Verhalten gegenüber Niklas; auf Karls mögliche Motive wurde im Rahmen der Figurenkonstellation bereits eingegangen. In diesem Zusammenhang lassen sich die Aktivitäten, die mobbende Schüler zur Schädigung ihres Opfers aufzeigen, nach verschiedenen Kategorien ordnen:

So sind nonverbale Handlungen – abwertende Mimik und Gestik, Ignorieren, Zurückhalten von Informationen – ebenso verbreitet wie verbale Aktionen – Gerüchte, Späße auf Kosten anderer, Abwertungen, Hänseln und Diffamierungen. Tätliche Übergriffe betreffen sowohl Gegenstände – das Verschmutzen, Verstecken oder Beschädigen von Kleidung, Arbeitsmaterialien oder Fahrrädern – wie das Opfer selbst: Festhalten, Kratzen, Stoßen, Beschmieren, Zwangsfütterung, Treten und Verprügeln. Auch Straftatbestände zählen zu dem Repertoire der Mobber: ‚Abzocken' von Geld oder wertvollen Gegenständen, Körperverletzung, Benutzen von Waffen oder deren Androhung sowie Morddrohungen.

Eine pauschale qualitative Bewertung der unterschiedlichen Taten ist aufgrund des subjektiven Empfindens der Betroffenen ebenso wenig angebracht wie aufgrund der Tatsache, dass die Beziehung zwischen Täter und Opfer von einem Ungleichgewicht der Kräfte gekennzeichnet ist – Schüler, die körperlich oder seelisch gleich stark sind, werden selten bzw. nie in einer Täter-Opfer-Konstellation anzutreffen sein.

Ausgehend von einer Zusammenstellung der Übergriffe kann mit den Schüler/n/-innen eine juristische Analyse und Bewertung der Vorgänge unternommen werden.

Versucht man eine Chronologie der Ereignisse im Roman zu erstellen, so fällt auf, dass in NICHT CHICAGO. NICHT HIER. die gesamte Bandbreite der skizzierten Gewaltaktivitäten vorhanden ist:

- gestohlene CD,
- gestohlenes CD-ROM-Laufwerk,

- Gasangriff,
- tätlicher Übergriff mit einem Messer sowie Verschmutzung und Zerstörung der Geschichtsmappe,
- Diebstahl des Quix',
- Fälschen von Niklas' Unterschrift um bei der Quixzentrale eine Freigabe des gesperrten Quix' zu erwirken,
- Erpressung sowie Zerstörung des Quix' aufgrund der gescheiterten Erpressung und Verprügeln von Niklas,
- Drohungen,
- Telefonterror,
- Verschwinden des Kaninchens.

Weiterhin leugnet Karl seine Aktivitäten gegenüber Dritten und verbreitet Lügen zur Stärkung seiner Alibis. Im Zusammenhang mit diesen Taten kommt es zu abschätzigen Bemerkungen gegenüber Niklas, beispielsweise auf dem Schulhof oder im Bus, sowie zum Ignorieren („in der Schule tut er, als wäre Niklas Luft.", 90) und zu weiteren Diffamierungen.

Reaktionen und Folgen für den Betroffenen

Die Folgen, die sich für Niklas aus den angeführten Aktivitäten Karls ergeben, reichen von körperlichen Schädigungen, die bei Niklas besonders durch den Gasangriff („Von einem Mal wird man nicht blind.", 41), den Überfall mit dem Messer sowie im Zusammenhang mit dem Quixdiebstahl hervorgerufen werden („Dann spürt er den Schlag und fällt […]", 98), bis zu psychischen Reaktionen. Neben dem absichtlichen Verschweigen und Überspielen des eigenen Verletztseins (42) sowie Anzeichen merkwürdigen Essverhaltens („Sogar lauwarmer Auflauf kann schmecken. Also gibt Karl ihm das Laufwerk zurück.", 49) und der Schlafstörung (33) thematisiert Niklas explizit seine Angst (17) und zeigt Symptome von Panikattacken:

Gerade das Thematisieren der Reaktionen des Opfers und der damit verbundenen Schwächen erschwert Schüler/-innen eine Identifikation mit Niklas; eindeutige Sympathien werden nur selten entwickelt.

> Wenn niemand öffnet, sitzt er in der Falle, er könnte höchstens noch schreien, in diesen goldenen Frühlingsnachmittag hinein, um Hilfe schreien, aber wer weiß, ob ihn jemand hört […]. Gerade eben noch hatte er Todesfurcht und jetzt ist er nur noch verlegen. Karl ist verschwunden, für diesmal ist Karl verschwunden.
> (56)

Um sich vor Karls Übergriffen und den nur bedingt unterstützenden Reaktionen seiner Umwelt zu schützen, verschweigt und überspielt Niklas absichtlich die eigenen Verletzungen (42) und hält sich in der Schule nur noch in einer größeren Gruppe auf (73). Da die Vorfälle jedoch weitgehend aus der Sicht des Opfers wiedergegeben werden und die Autorin auch auf der zweiten Handlungsebene auf eine psychologische Deutung verzichtet, ist es nicht verwunderlich, dass die Dimension der psychosomatischen Funktionsbeschwerden – z.B. Verspannungen, Schweißausbrüche, Kopfschmerzen – und der psychischen Stressreaktionen – neben Angstzuständen auch Alpträume – nicht näher ausgeführt wird.

Die Reaktionen von Niklas' Umfeld sind, wie im Rahmen der Figurenkonstellation bereits gezeigt, lange Zeit von Ignoranz geprägt; Niklas' Ausweichreaktionen werden erst spät als solche wahrgenommen: „Morgens nimmt Niklas schon lange einen Bus früher. Jetzt weiß Karin auch, warum. Karin ist einverstanden." (113) Während seine Eltern überwiegend seine Hypersensibilität wahrnehmen und ihm Übertreibungen sowie Unglaubwürdigkeit vorwerfen, wird Frau Römer primär durch den Abfall schulischer Leistungen auf die Probleme in ihrer Klasse aufmerksam. Dabei tendiert die Lehrerin bis zum Ende dazu, Niklas' Unkonzentriertheit, sein Träumen sowie den Rückgang der Lernmotivation weniger als Anzeichen eines Mobbingvorfalls denn als eine unabhängig davon existierende Krise zu werten:

Erst allmählich nimmt Niklas' Umfeld dessen veränderte Reaktionen wahr.

„Aber Niklas' Verhalten in diesem ganzen Schuljahr – ich glaube, Niklas macht gerade irgendeine Krise durch. Seine Leistungen sind auch […]"
„*Karl* ist seine Krise!", ruft Thomas.
„Kann es nicht sein, Sie machen es sich da zu einfach?", sagt Frau Römer. Vorsichtig. „Zurzeit hat Niklas in Latein eine Fünf, in Englisch, in Mathematik. In Deutsch wird es vielleicht noch eine Vier, in Geschichte […]" (121 f.)

2.2.3 Interpretation einer Schlüsselszene

Die aufgezeigte qualitative wie quantitative Dimension der verschiedenen Gewalthandlungen Karls gegenüber Niklas sowie die Folgen für das Opfer und sein Umfeld führen zu der für den

Roman zentralen Frage, warum der Gewalteskalation nicht früher Einhalt geboten wurde bzw. sie unterbunden werden konnte. In diesem Zusammenhang soll ein entscheidendes Kapitel (39–43) exemplarisch analysiert werden.

Die Eskalation der Gewalt kann den Schüler/n/-innen anschaulich in Form einer Spirale verdeutlicht werden.

Die einleitende Passage der Szene demonstriert mit der fünfmaligen Wiederholung des Wortes „vielleicht“ gleichermaßen Niklas’ Hoffnung auf eine harmlose Erklärung und einen guten Ausgang des Diebstahls wie seine Unsicherheit und Angst vor den Konsequenzen: „Wenn Thomas nach Hause kommt […] Wenn er sich an den PC setzt“. (39) Seine Orientierungslosigkeit und Zerrissenheit spiegelt sich auch im unmittelbaren Kontakt mit Karl wider: Atemlos hervorgebrachte, unvollständige Sätze bestimmen die defensive Begrüßung. Karl hingegen markiert deutlich die existente Rollenverteilung; sein Auftreten („Geht keinen Schritt zurück, sagt nicht, komm rein.“, 39) sowie der Umgang mit Niklas – „Schnauze“ (40) – und seiner Mutter („Die Alte soll uns Essen machen.“, 40) demonstrieren seinen Machtgestus.

Das Oszillieren von Niklas’ Gefühlen gipfelt, nachdem er Karls PC benutzen durfte und Zugang zu einer für ihn bisher verschlossenen, ‚verbotenen‘ Welt erlangt („Im Internet gibt es nicht nur nackte Weiber.“, 40) in der Bekundung der Freundschaft: „Plötzlich ist Niklas froh, dass Karl sein Freund ist.“ (40) Dass trotz der Vorfälle, die sich bereits zwischen Niklas und Karl ereignet haben, eine derartige Aussage möglich und für den Leser nachvollziehbar ist, hängt mit der für die Adoleszenz typischen indefiniten Gefühlslage der Jugendlichen zusammen: Niklas’ Unsicherheit und Abneigung gegenüber Karl korrespondiert mit dem Wunsch nach Anerkennung und Integration in eine Clique. Damit verbunden ist der Versuch, sich von den Eltern abzugrenzen und eine eigene unabhängige Welt aufzubauen: Karl kann der Enge von Niklas’ Elternhaus u. a. eine erste Begegnung mit der Sexualität („Nackte Weiber“, 40) entgegensetzen.

Niklas wird von Karl angezogen und abgestoßen zugleich.

Wie sehr sich diese Einschätzung als Illusion erweist, offenbart der unmittelbare und harte Übergang zum nächsten Absatz. Niklas’ Begeisterung steht der Befehlston Karls gegenüber; nicht zufällig dominieren in dessen Äußerungen die Imperative: „Komm“ (39 und 40), „Setzen. Los.“ (41) Eine metaphorische Deutung der Aufforderung „Komm runter“ (40) liegt demnach nahe.

An dieser Stelle unterbricht Boie den kontinuierlichen Fortgang der Handlung durch das Einfügen einer metafiktionalen Äußerung: Der Verweis auf Filme und Krimis vergegenwärtigt dem Leser, dass es sich bei dem, was er rezipiert, um Fiktion handelt. Das Thematisieren des Ausgangs der Szene offenbart gleichzeitig, dass ein identifikatorisches, an der Spannung der Handlung ausgerichtetes Lesen unmöglich ist. Durch diese Überleitung vorbereitet stehen demnach auch die folgenden, zunächst zusammenhanglos erscheinenden Sätze über den Gasangriff in einer erzählerischen Konsequenz. So erschwert die mehrdeutige doppelte Verwendung des Personalpronomens „er“ ebenso wie der Zynismus von Karls Aussage „Keine Waffen.“ (40) das Verständnis der Szene. Eine eindeutige Zuordnung zu der Täter-Opfer-Opposition ist an dieser Stelle nicht intendiert.

Der sich anschließende Reflexionsstrom stellt auch sprachlich einen deutlichen Kontrast zum ersten Teil des Kapitels dar: Das Gefühl der Unbestimmtheit weicht; die „sonderbare Leere im Kopf“ (41) lässt Niklas Karls wahres „verzerrt[es]“ (41) Gesicht erkennen. Der nachfolgende räumliche Wechsel der Szene fokussiert von der eigenen Befindlichkeit Niklas’ auf eine zentrale Frage des Romans: Warum Niklas auch nach mehreren Übergriffen Karls – weder die gestohlene CD, das entwendete Laufwerk noch der Gasangriff werden von ihm zum Anlass genommen, mit seinen Eltern zu sprechen – diese nicht ins Vertrauen zieht. Eine erste Erklärung liefert die Konfrontation von Niklas’ diffuser Gefühlswelt („Schmerztränen, Wuttränen, er möchte schreien“, 42) mit den von seinen Eltern an ihn herangetragenen Erwartungen, denen er nicht nachkommen kann. Deutlich in diesem Zusammenhang wird das Ende des Kapitels:

Die Schlüsselszene des Romans auf S. 42 offenbart Niklas’ verpasste Chance seinen Eltern frühzeitig von Karls Mobbingattacken zu berichten.

> Jetzt, spätestens, wird Niklas später irgendwann denken. Jetzt hätte ich ihnen etwas sagen müssen. Aber so wichtig ist es mir eben nicht vorgekommen. Wenn einem die Dinge selber passieren, sind sie plötzlich so viel unwichtiger als im Film. Ich habe mich geschämt, dass ich so erschrocken war. Ein bisschen CS-Gas. Und ich hatte ja auch Angst, weil ich Karl das Laufwerk geliehen hatte.
> Und außerdem: Was hätte es geändert.
> Das habe ich später doch gemerkt. Als ich geredet habe.
> Was hätte es geändert.
> Nichts. (42 f.)

Die Tatsache, dass neben dem Prolog an keiner weiteren Stelle des Romans Niklas' Ich explizit artikuliert wird, verdeutlicht die Schlüsselstellung dieser Textstelle. Das Gefühl der Angst, der Scham sowie die Sorge, selber schuld an den Übergriffen zu sein bzw. nicht entsprechend – ‚männlich' – reagiert zu haben, spielen ebenso eine Rolle wie Niklas' geringes Selbstwertgefühl und die Einschätzung der Aussichtslosigkeit des Unterfangens. Während Niklas' Schweigen seine Glaubwürdigkeit verringert, führt die Hilflosigkeit und die zögernd-unsichere Haltung seiner Eltern auf der anderen Seite zu einer zusätzlichen Eskalation der Ereignisse. Die Familie stellt weder Schutzzone noch Unterstützungsinstanz dar. Damit aber setzen bei Karl aufgrund der Passivität und des Rückzugs des Opfers sowie des schwachen, inkonsistenten Handelns auf Seiten der Eltern und der Schule eine Verstärkung der Gewalttaten und eine Art Lernprozess aggressiven Verhaltens ein. Niklas' Integrationsversuche sowie seine Identitätssuche scheitern.

In diesem Kontext ist es entscheidend, darauf zu verweisen, dass in den meisten realen Mobbingfällen unter Jugendlichen Opfer, Mitschüler, Lehrer und Eltern dem Täter nur unzureichend oder zu spät Grenzen setzen. Durch das Ausbleiben negativer Konsequenzen wird der Mobber bestärkt, seine aggressiven Verhaltensweisen fortzusetzen und weitere Varianten von Gewaltaktivitäten auszuprobieren. Es kommt zu einem „Teufelskreislauf des bullying at school" (nach Olweus; Material 14).

Die Mobbingspirale dreht sich für Niklas immer schneller und heftiger, weil er Karl keine Grenzen setzen kann, die dessen Attacken stoppen. Niklas hat das Gefühl zu versagen.

2.3 Formale Analyse

Unter dem Aspekt der formalen Gestaltung ist vor allem auf die Verschränkung der Erzählebenen, ihre Wirkung auf den Leser und die daraus resultierende Bedeutung für den Roman abzuheben.

In diesem Kontext muss auf die unterschiedliche Erzählperspektive sowie die Rolle der verschiedenen Erzähler in den beiden Handlungs- und Zeitebenen eingegangen werden. Gleichzeitig lässt sich eine Auseinandersetzung mit der Erzählperspektive des Romans nicht von einer Analyse der stilistischen Besonderheiten der beiden Erzählebenen trennen: So bedingt die Entscheidung, weite Teile des Romans aus der Sicht des Opfers wiederzugeben, nicht nur zahlreiche Leerstellen sowie das offene Ende des Romans, sondern auch sprachliche Besonderheiten.

2.3.1 Erzählebenen

Auffälligstes formales Erscheinungsmerkmal des Romans ist das Nebeneinander zweier verschiedener Handlungs- und Zeitebenen. Alternierend werden zwei Erzählstränge verfolgt: Während die eine Handlungsebene retrospektiv der Chronologie der Ereignisse folgt und in der Vergangenheit mit dem ersten Auftreten Karls beginnt, startet die andere in der Gegenwart mit dem Verschwinden des Kaninchens. Mit fortschreitender Handlung nähern sich die beiden Ebenen immer weiter an, bis sie gegen Ende des Romans zur Deckung kommen. Als die Polizei aufgrund der Aussichtslosigkeit des Unterfangens Thomas auffordert, seine Anzeige zurückzuziehen (100–102), wird sowohl auf der Ebene der Gegenwart als auch auf der der Vorzeitigkeit – zur besseren äußeren Unterscheidung der beiden Ebenen werden die Ereignisse der Vorzeitigkeit typografisch in einer anderen Schrift dargestellt – über die Zerstörung des Quix' und seine Bewertung im Rahmen der Gewalttaten diskutiert.

Während es im Zusammenhang mit der Gegenwartsschilderung zu folgendem Dialog kommt – „Mich würde nur noch interessieren: Was haben die beiden denn erzählt? Über dieses Quix, zum Beispiel? Das Karl zertrampelt hat?' ‚Es war eine Walnuss', sagt der Polizist." (102) –, wird Thomas nur drei Seiten später auf der anderen Zeitebene beinahe wortwörtlich von Karls Eltern der entsprechende Sachverhalt berichtet: „‚Eine *Walnuss*?', sagt Thomas. Der Rückruf ist fast sofort gekommen. ‚Ihr Sohn behauptet, was er zertreten hat, war eine *Walnuss*?'" (105) Am Ende des Romans gehen die einzelnen Kapitel direkt ineinander über, bis sich der äußere Rahmen durch die Wiederaufnahme des Prologs als Epilog schließt.

Zur Erleichterung des Lesevorgangs und des Textverständnisses kann es sich anbieten, zunächst nur die Ebene der Vorzeitigkeit chronologisch zu lesen und die dazwischenliegenden Kapitel zu überspringen.

Fragt man nach der Bedeutung des Nebeneinanders der beiden Zeitebenen, das gerade für den ungeübten Rezipienten zunächst eine große Herausforderung darstellt, so gilt es, die inhaltlichen Konsequenzen des Verfahrens näher zu analysieren. Zum einen ermöglicht das Nebeneinander der beiden Ebenen eine permanente Konfrontation des Anfangs mit dem Ende: Der Sachverhalt wird jeweils mit Blick auf den Ausgang gelesen und wahrgenommen. Dadurch ist das Gefühl der Gewalt und der Ausweglosigkeit während des gesamten Romans präsent. Zum anderen wird durch diesen dramaturgischen Kunstgriff nicht nur die Spannung erhöht; dem Leser wird aufgrund seines Wissens um den Ausgang der Ereignisse zugleich die Möglichkeit einer verharmlosenden Lektüre versperrt.

Zwar scheint sich auf den ersten Blick aufgrund der fortschreitenden Eskalation der Gewalt und der damit verbundenen spannungsbedingten Lesemotivation eine Lesart auf der Folie der Kriminalerzählung anzubieten, doch blendet ein Zugang, der sich ausschließlich auf diesen Aspekt stützt, zahlreiche Parameter aus. Obwohl die eigene Vertextung nicht explizit thematisiert wird, entsteht durch das Nebeneinander der beiden Ebenen eine Metaebene, die eine zusätzliche Reflexion über die Handlung erforderlich macht. Da Schüler im Normalfall ein chronologisches Erzählen gewöhnt sind, das sich unaufhörlich auf das die Handlung auflösende Ende zubewegt, führt ein Aufbrechen dieser Ordnung zu starken Irritationen. Der Prozess, wie Gewalt entsteht und wie man sie hätte verhindern können, rückt stattdessen ins Interesse der Interpretation. Damit wird zwar die Scheinrealität aufrecht erhalten und die mimetische Darstellung der Handlung bleibt entscheidendes Gerüst des Textes; gleichzeitig wird ein anderes Leseverhalten vom Rezipienten erforderlich, das über das reine Nachvollziehen und Miterleben der Handlung hinausreicht. Der Wechsel zwischen den beiden Ebenen erzeugt eine Offenheit, die vom Leser ein hohes Maß an gedanklicher Flexibilität erfordert.

Untersucht man die thematischen Unterschiede der beiden Erzählebenen, so ist Dauberts Beobachtung, dass man in der Erzählebene der Gegenwart „etwas über die Reaktion der Eltern und anderen Erwachsenen auf das Geschehen" erfährt (Daubert 2002, 47), nur bedingt zuzustimmen: Dies trifft allein auf die Gespräche mit der Polizei zu. Sowohl die Auseinandersetzung mit Karin und Thomas als auch die Gespräche mit den Eltern der betroffenen Mitschüler und Frau Römer finden auf beiden Handlungsebenen statt. Die inhaltlichen wie formalen Unterschiede liegen vielmehr in der unterschiedlichen Erzählperspektive begründet.

2.3.2 Erzählperspektive und Erzähler

Stand in den vorangegangenen Kapiteln eine Auseinandersetzung mit den Inhalten des Romans im Mittelpunkt, so soll im Folgenden näher auf die Vermittlung des Erzählten und die damit verbundene Rolle des Erzählers eingegangen werden. Eine entscheidende Frage dabei ist, wer im Roman spricht bzw. wessen Stimme vernommen wird. In diesem Zusammenhang ist besonders der Explizitheitsgrad des Erzählten entscheidend, der für den Rezipienten eine wichtige Orientierungshilfe darstellt.

Im Rahmen des bisher dargestellten Text- sowie eines modernen Theorieverständnisses ist es wenig weiterführend, mit den Begriffen des auktorialen oder personalen Erzählers zu operieren bzw. auf das von Stanzel eingeführte Modell der Erzählsituationen zurückzugreifen. Sinnvoller erscheint es, mit einem offeneren System, beispielsweise dem von Genette, zu arbeiten. Grundgedanke Genettes ist, dass unter dem Begriff der „Stimme" alle Subjekte zusammengefasst werden, die an den narrativen Aktivitäten beteiligt sind (Genette 1998, 151 ff.); es findet demnach keine Unterscheidung mehr zwischen den Figuren der Erzählung und dem Erzähler selbst statt. Dieser Gedanke erscheint plausibel, da man nicht nur die Subjektivität der Sprache und damit der Aussagen annimmt, sondern als Konsequenz auch die der Produktionsinstanz. Soll also die Beziehung des Erzählers zu seiner Geschichte, den Figuren und seinen narrativen Adressaten untersucht werden, so ist es sinnvoll, nicht zwischen grammatischen Formen zu unterscheiden, wie es noch Stanzel (Stanzel 1964, 11 ff.) mit seinem Ich-, Du- und Er-Erzähler unternahm, sondern zwischen narrativen Einstellungen zu differenzieren. Es ist demnach weniger entscheidend, ob in der Ich-, Du- oder Er-Form erzählt wird, sondern welche Rolle der Erzähler zu der von ihm verfassten Geschichte einnimmt. Das bedeutet zum einen, dass die Unterscheidung in einen Ich-, einen personalen oder auktorialen Erzähler hinfällig wird, zum anderen, dass die Verwendung des Personalpronomens ‚ich' oder von Verben in der ersten Person auf ganz verschiedene Situationen hinweisen können.

Zur Erzählsituation generell: Das Verhältnis von Erzähler(n) zum Erzählten wird mit dem Begriff der „Stimme" zusammengefasst.

Konkret ergibt sich aus diesem theoretischen Verständnis der Erzählperspektive bzw. der Bedeutung des Erzählers die Frage, ob der Erzähler in der Geschichte, die er erzählt, vorkommt oder nicht. Im nächsten Schritt gilt es zu klären, ob es sich beim Erzähler um den Helden der Geschichte oder um eine Randfigur handelt. Dass eine derartige Unterscheidung im konkreten Textbeispiel weniger eindeutig vorgenommen werden kann, als sie theoretisch wirkt, wird sich im Rahmen der folgenden Erzählanalyse zeigen. Weiterhin ergeben sich aus dem dargestellten Verständnis der Erzählperspektive entscheidende Konsequenzen für den Rezipienten: Lässt sich die Rolle des Erzählers nicht mehr präzise fixieren, so ist auch die Position des Lesers nicht mehr eindeutig und dauerhaft festzulegen. Dadurch kann es zu einer nachhaltigen Störung der Illusion kommen, auf die im Folgenden näher eingegangen wird.

Auf der Ebene der Vorzeitigkeit wird, von einer bereits angeführten Ausnahme auf S. 42 und 43 abgesehen, zur Wiedergabe des Geschehens ausschließlich auf die Er-Form zurück-

Die besonders Schülern abstrakt erscheinende Unterscheidung von Autor und Erzähler bzw. der erzählenden Stimme lässt sich nur nachhaltig begreifen, wenn der Rezipient eigene Erfahrungen sammelt, z. B. durch eine Hörspielproduktion.

gegriffen; dabei ist der Erzähler Teil der Geschichte und es scheint sich hierbei um Niklas zu handeln. Dies wäre im Sinne mimetischer Erzählkunst ein der Geschichte durchaus gemäßes Zentrum. In den entsprechenden Kapiteln wechseln sich jeweils Dialoge sowie objektive Beschreibungen, die auch ein außenstehender Beobachter hätte abgeben können, mit Gedanken („Man petzt nicht. Man ist sich selber widerlich, wenn man petzt. Aber, und das ist das Sonderbare, dass man erst spät begreift, auch Lehrern ist man widerlich.“, 48) und Gefühlen („Niklas merkt, wie er sich fröhlich fühlt.“, 48) ab, die ausschließlich Niklas zuzuordnen sind. Dass die Autorin anstelle der zunächst sicherlich eingängigeren Ich-Form auf die Er-Form zurückgreift, führt zu einer tief greifenden Störung der Illusion – ein unreflektierter Konsum des Buches ist nicht möglich. Untersucht man weiterhin, wie die Ereignisse sprachlich wiedergegeben werden, so fällt die hohe Zahl an Verben der inneren Wahrnehmung (fühlen, empfinden, spüren) und der Reflexion (merken, verstehen, wissen, überlegen, denken) auf. Gleichzeitig stellt sich die Frage, ob alle Beobachtungen („‚Gegenfrage‘, sagt die höfliche Lautsprecherstimme. ‚Warum sollte mein Sohn all diese Dinge tun?‘“, 89) bzw. Reflexionen („Jetzt, spätestens, wird Niklas später irgendwann denken. Jetzt hätte ich ihnen etwas sagen müssen.“, 42) tatsächlich dem inhaltlichen wie sprachlichen Niveau eines dreizehnjährigen Jungen entsprechen. An diesen Stellen stößt die gewählte Perspektive an die Grenze des Mediums und der Darstellbarkeit. Verglichen mit den Möglichkeiten dieses Erzählertypus', die unter anderem in dem hohen Maß an Identifikation für den Leser liegen, kann das skizzierte Defizit jedoch vernachlässigt werden.

Während ältere Schüler aufgrund der Passivität von Niklas häufig Probleme mit einer Identifikation haben, fällt es Jüngeren leicht, im Rahmen der Erzählperspektive Position zu beziehen.

Eine Fixierung des Erzählers in der zweiten Handlungsebene ist hingegen weniger eindeutig vorzunehmen; dies soll im Rahmen der Analyse einiger Textstellen des ersten Kapitels verdeutlicht werden. Zum einen muss es sich bei dem Erzähler um eine Person handeln, die die Ereignisse genau beobachtet („‚Ja‘, sagt Thomas hilflos und macht die Käfigtür zu. Behutsam, als könne etwas zerbrechen.“, 7) und die gleichzeitig detaillierte Kenntnisse auch über das Innenleben der Figuren hat: „Niklas sitzt jetzt ganz still. Er hat aufgehört zu schluchzen. Jetzt braucht er Zeit, sich an den Gedanken zu gewöhnen.“ (8) Diese die Gefühle betreffenden Äußerungen müssen von einem Familienmitglied, wenn nicht von Niklas selbst, stammen.

Wenn jedoch der Erzähler beider Handlungsebenen in der Geschichte vorkommt, teilweise sogar identisch ist, so stellt sich die Frage, warum überhaupt eine unterschiedliche Perspektive gewählt wird. Während formal durch die Er-Form ein hohes Maß an Einheitlichkeit erzeugt und durch die zahlreichen Dialoge – viele Kapitel bestehen zu mehr als der Hälfte aus einer Wiedergabe von Gesprächen – Objektivität vermittelt wird, sind doch bei genauerer Lektüre nicht eine einzige Erzählerpersönlichkeit, sondern mehrere Stimmen nebeneinander zu vernehmen:

> Alle vier da im hellen Wohnzimmer sehen jetzt, jeder für sich, die Straßen, Autos, sehen ein kleines weißes Kaninchen, sehen weg; sehen Katzen, geduckt, die Augen zu Schlitzen verengt, lauernd, sehen ein kleines weißes Kaninchen. Sehen weg. (8)

Je nachdem, welche Person gerade die Handlung dominiert bzw. worauf der inhaltliche Schwerpunkt gelegt wird, lässt sich eine entsprechende Fokussierung des Erzählerstandpunktes feststellen: „Thomas schüttelt den Kopf. Der Junge tut ihm Leid. So peinlich muss es einem Kind nicht sein, wenn es auf einem falschen Grundstück nach jemandem sucht.“ (10) Dabei ist es bei einzelnen Aussagen sogar unmöglich, eine abschließende Zuordnung zu einer Person vorzunehmen: „‚Aber du kennst Rocky‘, sagt Thomas. ‚Bitte‘, sagt Jannis. ‚Gleich wird er weinen, bestimmt.‘“ (27)

Der Erzählerstandpunkt ist nicht immer eindeutig zu bestimmen, da häufig mehrere Personen in Frage kommen.

Die Ebene der Gegenwart wirkt demnach wie eine Art Familienprotokoll, das sich weder auf die Außensicht noch auf eine bestimmte Person selbst beschränkt. Werden durch die Dominanz der Dialoge und die große Anzahl von Adjektiven in den Beschreibungen der Eindruck der Objektivität und Nachahmung der Wirklichkeit hervorgerufen, so wird diese Illusion nicht nur durch den auf Seite 13 beginnenden Rückblick, sondern vor allem durch den Wechsel zwischen den verschiedenen Erzählerpersönlichkeiten nachhaltig gestört: Dieser Wechsel erfordert vom Leser die Aufgabe eines festen Standpunktes und die Übernahme verschiedener Betrachtungsweisen. Der Prozess der Meinungsbildung sowie der Bewertung der Personen und Ereignisse bleibt damit offen.

Die unterschiedlichen Möglichkeiten der jeweiligen Erzählebenen – beispielsweise des Vorantreibens der Handlung durch einen beinahe protokollartigen Stil auf der Gegenwartsebene – sowie des Nebeneinanders der beiden Ebenen liegen demnach in einer nachhaltigen Zerstörung der Mimese: Der Leser kann sich nicht der Illusion hingeben, Teil der Handlung zu sein oder diese nur passiv-konsumierend nachzuvollziehen. Er muss eine aktive Rolle übernehmen, während er sich zwischen den verschiedenen Zeiten, Stilen und Stimmen bewegt. Die dadurch entstehenden Leerstellen müssen gefüllt und die offen bleibenden Fragen akzeptiert werden.

2.3.3 Offenes Ende

Eine zentrale Leerstelle des Textes besonders für den ungeübten Rezipienten ist das offene Ende des Romans, das sich bereits durch den Prolog und seine Wiederaufnahme am Schluss andeutet. Lösen sich am Ende die unterschiedlichen Handlungsstränge, Fragen und Rätsel auf, so kann der Leser auf der letzten Seite des Romans diesen innerlich abschließen. Je offener und weniger eindeutig sich jedoch das Ende darstellt, desto stärker überwiegt das Gefühl der Unsicherheit beim Rezipienten; bleiben die Konfliktpunkte auch über das Ende hinaus offen, so erfordert die Lektüre – im Sinne eines hermeneutischen Zirkels – eine weitere Auseinandersetzung, ein Nach- und Weiterlesen.

Das offene Ende des Romans bringt beide Handlungsebenen – die der Gegenwart und der Vergangenheit – zur zeitgleichen Deckung.

Bei NICHT CHICAGO. NICHT HIER. kommen auf den letzten Seiten die beiden Handlungsebenen zur Deckung und die Eskalation der Gewalt befindet sich mit dem Verschwinden des Kaninchens auf ihrem Höhepunkt. Niklas' Schrei verhallt noch über das Ende hinaus („Dann stößt er einen Ton aus, hoch und schrill, einen Ton abgrundtiefen Schmerzes, lang gezogen, nicht endend wollend.“, 126) und macht es dem Leser unmöglich, das Buch nach dem letzten Satz beruhigt zuzuschlagen. Was bleibt, sind Niklas’ Angst und Aggression.

Versucht man eine Zusammenstellung der ungeklärten Themenkomplexe, so ist zunächst der Brief des Gerichts zu erwähnen. Da am Ende des Romans der Prolog wiederholt wird, liegt es nahe, dass die Klage vom Gericht abgewiesen wird. Dadurch sind aber in Bezug auf die Frage, wie der Konflikt gelöst werden soll, alle Antworten weiterhin offen. Das einzige offerierte Lösungsangebot stammt von der Lehrerin und beinhaltet einen Schulwechsel. Ob dieser stattfindet und wie sich Niklas nach den Ereignissen an einer neuen Schule zurechtfinden würde, ist ungewiss. Ebenso bleibt es dahingestellt, ob eine erneute Begegnung mit Karl stattfinden und wie sich diese gestalten würde. Neben den bereits skizzierten Leerstellen, die die Person Karls und seine Tatmotive betreffen, ist ebenso wenig geklärt, wie Niklas’ Familie im Anschluss an die Ereignisse weiter lebt bzw. ob und wenn ja, wie sich das Familienleben verändert.

Diese Unbestimmtheitsstellen müssen vom Leser jedoch nicht nur formuliert, sondern auch ausgefüllt werden. In Bezug auf die Frage, wie die Situation hätte vermieden werden können, gilt es nach Lösungsvorschlägen zu suchen. Ziel dieses Unterfangens kann und darf es allerdings nicht sein, die Leerstellen mit einer simplifizierenden monokausalen Lösung zu füllen. Die Entscheidung der Autorin für ein offenes Ende muss in diesem Kontext thematisch als bewusste poetische Entscheidung begriffen und stehen gelassen werden.

Zentrale Aufgabe einer Auseinandersetzung mit dem offenen Ende muss sein, zunächst das Gefühl der Unsicherheit und Unzufriedenheit des Rezipienten zu konstatieren, Fragen und Leerstellen zu verbalisieren und diese als bewusste Entscheidung der Autorin zu akzeptieren.

2.3.4 Stilistische Besonderheiten

Betrachtet man die sprachlichen Besonderheiten des Romans, so fällt besonders das explizite Vermeiden eines poetischen Stils auf, das in einem direktem Zusammenhang mit den eingangs angeführten Lesarten verstanden werden muss. So hat beispielsweise die Einordnung von NICHT CHICAGO. NICHT

Erleichtert die Nähe zur Jugendsprache zunächst eine Rezeption des Romans, so müssen die Schüler auf der Metaebene den Verzicht auf Ästhetisierung als eigenständige inhaltliche Aussage verstehen lernen.

HIER. als Adoleszenzroman unmittelbare Konsequenzen auf seine sprachliche Gestaltung: Besonders die Dialoge sind gekennzeichnet durch umgangssprachliche Ausdrücke („‚Häää?'", 47) und Satzkonstruktionen („‚Ich brauch das Laufwerk zurück [...]'", 46), vulgärsprachliche Versatzstücke („‚Halt die Fresse'", 46) sowie spezifisch jugendliche Formulierungen („‚Cool bleiben!'", 22). Abgebrochene bzw. unvollständige Sätze ahmen dabei nicht nur die Jugendsprache nach, sondern sind zudem Zeichen eines Stils, der bewusst auf Ästhetisierungen verzichtet und in der Funktion der Handlung steht. Drastisch-aggressive Äußerungen sind dabei keine Seltenheit. Auch das Fehlen von Kapitelüberschriften sowie der typografische Einsatz verschiedener Schriftgrößen zur Unterscheidung der beiden Erzählebenen muss im Zusammenhang mit diesem sprachlichen Funktionalismus berücksichtigt werden.

Die bereits angeführten Merkmale sowie das weitgehende Fehlen von rhetorischen Figuren, zum Beispiel Metaphern, – der einzige intertextuelle Verweis („‚Krabat'", 12) fällt besonders ins Auge – stehen in enger Verbindung mit dem Handlungsschwerpunkt – der Gewalt: Nicht nur die Schimpfworte und drastischen Ausdrücke, sondern auch die zahlreichen Wiederholungen – so wird in einem nur 11-zeiligen Absatz fünfmal das Verb ‚sagen' verwendet (39) – demonstrieren den Zusammenhang von Handlung und ihrer sprachlichen Präzisierung. Geht man beispielsweise der Frage nach, wie in NICHT CHICAGO. NICHT HIER. Spannung erzeugt wird, so fällt die für Kriminalerzählungen typische Atemlosigkeit, der elliptische Stil („‚Schnauze', sagt Karl. Nicht besonders laut. ‚Hier, ich such grade was.'", 40), das Abbrechen der Handlung an spannenden Momenten sowie das bewusste Setzen von Leerstellen auf. Auch der dialogische Stil sowie die zahlreichen Voraus- und Andeutungen müssen in diesen Kontext eingeordnet werden.

Vergleicht man den Stil der beiden Erzählebenen, so erzeugt die insgesamt vorherrschende große Anzahl von Dialogen und die damit korrelierende Nähe zur Umgangssprache Einheitlichkeit; gleichzeitig entstehen Abweichungen durch die unterschiedlichen Erzählperspektiven. Während auf der Ebene der Vorzeitigkeit Niklas' persönliche Gedanken Subjektivität und damit Betroffenheit und Emotionen erzeugen, wirkt die Gegenwartsebene sachlicher: Zahlreiche beschreibende Adjektive, eine protokollartige Wiedergabe der Handlung, ein Verzicht auf Psychologisierungen und Bewertungen sowie direkte und unmittelbare Einstiege in die jeweiligen Kapitel knüpfen an den journalistischen Stil einer Reportage an.

2.4 Kontextanalyse

> Die sich aus der inhaltlichen, formalen wie sprachlichen Struktur des Romans ergebenden Offenheit und Unabgeschlossenheit erfordern eine über den Text hinausgehende Beschäftigung mit dem Thema Gewalt und Mobbing.

Zentrale Themen in diesem Zusammenhang sind neben den Fragen der Strafe und der Vergeltung vor allem die Auseinandersetzung mit den Lösungs- und Interventionsmöglichkeiten. In diesem Zusammenhang gilt es auf die Rolle der Polizei und der Justiz explizit einzugehen und die Grenzen des Rechtsstaates aufzuzeigen. Erneut stellt sich in diesem Zusammenhang die Frage der Abgrenzung von Fiktion und Realität.

Aufbau und Fortgang der Romanhandlung sind entscheidend geprägt von der Frage nach den Motiven des Täters. Diese zentrale Leerstelle des Textes erschwert aber gleichzeitig auch die Bewertung der einzelnen Taten und Delikte. Wer schuld ist, welche Strafe angemessen ist und wie Lösungsmöglichkeiten des Konflikts aussehen könnten, muss vom Rezipienten weitestgehend eigenständig beantwortet werden; der Roman selbst legt nur Spuren, die es zu dechiffrieren und weiter zu verfolgen gilt.

Der Text bietet keine Lösungen zur Schuldfrage, zum Strafmaß an und gibt keine Antworten z. B. auf die Frage nach den Motiven des Täters – die Leser müssen diese Leerstellen selbst füllen.

Wie diffizil dieses Unterfangen ist, demonstriert das Gefühl der Ohnmacht und Sprachlosigkeit, das bei der Rezeption zentraler Passagen des Romans dominiert; Niklas' Ausweglosigkeit überträgt sich auf den Leser. Fragt man nach den Ursachen, so spielt der Themenkomplex der Schuld eine entscheidende Rolle. Ob eine Person jedoch im juristischen Sinne schuldig ist, hängt u. a. mit der Frage ihrer Schuldfähigkeit und der Möglichkeit, das jeweilige Vergehen zu beweisen, zusammen. Dabei werden die Interessen des Opfers zumeist von der Polizei bzw. der Staatsanwaltschaft durchgesetzt. Diese Zusammenhänge sollen im Folgenden näher erläutert werden.

Die Schuldfähigkeit einer Person steht im unmittelbaren Zusammenhang mit ihrem Alter: Nach § 19 Strafgesetzbuch ist derjenige schuldunfähig, der bei Begehung der Tat noch keine 14 Jahre alt ist. (Die entsprechenden Paragraphen befinden sich in Material 11.) Aus diesem Umstand resultiert jedoch eine weitere entscheidende Leerstelle des Textes: Der bisherigen Anlage der Figuren im Roman folgend, dass nähere Angaben zu einer Figur erfolgen, wenn sie in einem unmittelbaren Zusammenhang mit der Handlung steht, verzichtet Boie bewusst auf eine Altersangabe der Protagonisten und damit auch von Karl; man erfährt über ihn nur, dass er in die siebte Klasse geht. Gewöhnlich sind Schüler in diesem Alter ungefähr 13. Diese Leerstelle erweist sich damit entscheidend bei der Bewertung der Gewalthandlungen und des Romanausgangs. Da es von der Schuldunfähigkeit der Kinder keine Ausnahme gibt, wirkt sich diese absolute Schuldunfähigkeit auch als Prozesshindernis aus. Damit ist aber Karls Alter entscheidend für das Schicksal von Niklas und seiner Familie. Der Brief des Gerichts – genau genommen müsste er von der Staatsanwaltschaft stammen – am Ende des Romans muss also, wenn Karl unter 14 ist, die Mitteilung beinhalten, dass das Verfahren nicht eröffnet wird. Wenn er aber tatsächlich unter 14 und damit schuldunfähig ist, stellt sich die Frage, wer die Verantwortung u. a. für die entstandenen Sachschäden trägt. So regelt § 171 StGB die Verletzung der Fürsorge- und Erziehungspflichten und zieht die Eltern zur Rechenschaft, wenn sie ihre Fürsorgepflicht grob verletzen und ihren Kindern ermöglichen, einen kriminellen Lebenswandel zu führen. Ob sich dies jedoch im Falle von Karls Eltern nachweisen ließe, erscheint äußerst fragwürdig.

Die Auseinandersetzung mit Paragraphen erfordert nicht nur eine genaue, textnahe Lektüre. Sie fokussiert gleichzeitig auf eine entscheidende Leerstelle des Textes.

Die offene Altersangabe und die Möglichkeit, dass Karl bereits 14 Jahre alt ist, vermittelt dem Leser aber gleichzeitig wenigstens kurzzeitig die Illusion, dass eine einfache und abschließende Beendigung der Gewaltspirale möglich wäre. Dass die Textstellen, die auf der Polizeiwache stattfinden bzw. die Polizei betreffen, ausschließlich auf der Gegenwartsebene spielen, verstärkt noch den Eindruck scheinbarer Objektivität. In diesem Zusammenhang rückt die Beweislage der Gewalthandlungen, die nicht losgelöst von Niklas' Glaubwürdigkeit gegenüber seiner Familie, seiner Lehrerin und in letzter Instanz gegenüber der Polizei betrachtet werden kann, ins Blickfeld. Die Gespräche mit der Polizei zielen zum einen auf die Bewertung der Taten ab („‚Es ist ein Bagatellfall.'", 101), kreisen jedoch immer auch um die Beweisbarkeit: „Der Polizist öffnet bedauernd die Hände. ‚Dann steht Aussage gegen Aussage', sagt er. ‚Haben Sie Zeugen? Für irgendwas?'" (51)

Für Niklas und seine Familie gestaltet sich der Nachweis der Gewalthandlungen als schwierig – aber gerade das ist die Voraussetzung eines möglichen Prozesses.

Richtet sich die Hoffnung von Niklas' Familie – die Besuche bei der Polizei und das Erstatten der Anzeige sind die einzig ernst zu nehmenden Versuche von Thomas, den Konflikt zu lösen – auf die Mitschnitte der Drohanrufe, so entlarvt der Polizist diesen Wunsch als Illusion: „‚Kassetten sind nicht zugelassen. Könnten ja gefälscht sein.'" (51) Dabei ist juristisch weniger der Akt des Fälschens als die Aufnahme selbst entscheidend: § 201 StGB geht auf die Verletzung des persönlichen Lebens- und Geheimbereichs ein. Dabei wird derjenige, der das nicht öffentlich gesprochene Wort eines anderen auf einen Tonträger aufnimmt oder eine so hergestellte Aufnahme gebraucht oder einem Dritten zugänglich macht, zurzeit mit einer Freiheitsstrafe bis zu drei Jahren oder mit Geldstrafe belegt. Auch der potenzielle Zeuge Rocky erweist sich aufgrund seiner charakterlichen Disposition als unzuverlässig. Trotz der für Niklas und im Verlauf der Handlungen auch für seine Familie klaren Beweislage lässt sich juristisch demnach keine Eindeutigkeit herstellen; eine Klärung des Konfliktes mithilfe der Polizei oder des Gerichtes scheint damit ausgeschlossen.

Dieser Umstand ist sowohl für die Polizei, die hier ausschließlich anonym auftritt („sagt die Polizistenstimme", 100),

Dass die Frage nach Schuld und Gerechtigkeit relativ ist, wie sinnvoll Paragraphen und wie eng die Grenzen eines Rechtsstaates sind, verdeutlichen die Polizeikapitel des Romans.

als auch für Niklas und Thomas unzureichend: Trotz der subjektiven Bedeutsamkeit der Vorfälle werden sie von der Polizei nur als Bagatelle eingeschätzt. Diese Ambivalenz spiegelt sich in der Beschreibung des Polizisten wider und schwankt zwischen Verständnis und Resignation. Insgesamt aber vermag die Polizei weder Hoffnung zu spenden noch konstruktive Lösungsvorschläge aufzuzeigen: „‚Und du solltest dir das alles nicht so zu Herzen nehmen.'" (110). Bei Niklas' dritter Begegnung mit der Polizei schätzt er den Polizisten bereits nicht mehr genervt, sondern nur noch „müde" (100) ein. Die Machtlosigkeit gegenüber strafunfähigen Kindern („Da kann man nichts machen", 111, „Die Hälfte von denen hatte er am Tag vorher schon mal geschnappt [...]", 91) spielt hier ebenso eine Rolle wie die Diskrepanz zwischen subjektiver und objektiver Einschätzung der Sachlage: „Und vor Gericht wird es auch nicht darum gehen, was der Richter glaubt. Recht hat nichts mit Glauben zu tun, nur mit Beweisen." (101)

Nicht Wahrheit, Glaubwürdigkeit und Schuld an sich spielen eine Rolle, sondern die Beweisbarkeit. Wie die Lehrerin scheint auch der Polizist sich die Frage, wem er persönlich Glauben schenkt, nicht mehr zu stellen – sei es aus Frustration oder Desinteresse. Damit aber wird auch die Rolle des Rechtsstaats an sich massiv in Frage gestellt: „‚Es kann doch nicht sein, dass man völlig machtlos ist! Ich glaub es einfach nicht! Dies ist schließlich ein Rechtsstaat!'" (111)

Bietet aber die Instanz, der gemeinhin das Recht und seine Durchsetzung zugesprochen wird, keine Klärung mehr, dann breitet sich besonders beim Rezipienten Orientierungslosigkeit aus. Das offene Ende des Romans ist damit die stilistische Konsequenz dieser inhaltlichen Gestaltung. Während Niklas die Selbstjustiz als einzig gangbaren Weg betrachtet, muss sich der Leser seinerseits auf die Suche nach Lösungsmöglichkeiten und Auswegen aus dem Konflikt machen. Auf die unzulänglichen Reaktionen einzelner Personen, beispielsweise der Lehrerin und der Eltern, wurde bereits verwiesen. Ausgehend von der Frage, was die Betroffenen – in diesem Fall Niklas' Familie – persönlich von einer Beendigung des Konfliktes erwarten –

während Thomas seine Ruhe möchte und Karin „doch nicht jungen Menschen ihr Leben zerstören" (108) will, sinnt Niklas auf Rache –, soll hier näher auf verschiedene Aspekte der Gewaltprävention eingegangen werden.

Das offene Ende des Romans lässt mehrere „Lösungsmöglichkeiten" zu: Wie könnte der Konflikt enden? Sicherlich für jede/n Beteiligte/n unterschiedlich.

Der Roman und die in ihm dargestellte Problematik der Gewalt unter Jugendlichen ist seit langem gesellschaftlich kein Einzelfall mehr; die Ereignisse am Erfurter Gutenberg-Gymnasium, in Meißen und Freising, aber auch in Littlehampton, USA, verdeutlichen die Aktualität und Brisanz des Themas. Die anschließend jeweils heftig einsetzenden Diskussionen über Ursachen und Auswege haben vor allem offenbart, dass es keine Patentrezepte bzw. monokausalen Erklärungen gibt.

Voraussetzung für eine Auseinandersetzung mit den Themen Gewalt, Mobbing und Aggression und im Folgenden der Gewaltprävention aber ist die Bereitschaft der Beteiligten, seien es Eltern, Lehrer oder Schulleitung, das Thema Gewalt nicht zu verdrängen und zu tabuisieren, sondern sich offen und öffentlich damit auseinander zu setzen. Wie sehr auch für die Protagonisten in Boies Roman das Verschweigen ein Thema ist, demonstriert Thomas Aussage: „Ich zeige doch kein Kind an! Ich kriminalisiere doch keinen Jungen, nur weil er vielleicht in der Pubertät mal eine Phase hat […]" (104). Die Gewaltprävention selbst konzentriert sich dabei primär auf die Unterstützung der Opfer; die Auseinandersetzung mit den Motiven des Täters ist dabei nachrangig.

Die in der Gewaltprävention verbreitete Schwerpunktsetzung auf das Opfer und nicht auf die Motive des Täters kann einen weiteren Zugang zu der zentralen Leerstelle, der Frage nach der Motivation Karls, ermöglichen.

Ausgangspunkt für eine über den Roman hinausgehende Beschäftigung mit dem Thema Gewalt unter Jugendlichen und in der Schule ist neben der Thematik selbst und eventueller Vorkommnisse an der Schule oder im persönlichen Umfeld der Schüler vor allem das offene Ende des Romans und damit der Verzicht auf eine Lösung des Konflikts. Unabhängig von der Tatsache, dass Schule häufig nicht der Ort schwerwiegender Delikte ist – Raub, Körperverletzungen oder Erpressungen finden zumeist in der Freizeit statt, da Schule als sicherer Ort empfunden wird – und dass auch im Roman selbst die Übergriffe außerhalb der Schule überwiegend unter Ausschluss von Zeugen stattfinden, ist eine Diskussion über Interventions- und Präventionsmöglichkeiten in der Schule unerlässlich, da Schule zentraler und häufig einziger Ort des sozialen Lernens ist. Gleichzeitig nehmen – wie auch in NICHT CHICAGO. NICHT HIER. – die Gewalthandlungen ihren Anfang oft in der Schule. Die Tatsache, dass Niklas nach Rache sinnt und damit selber zum potenziellen Täter wird, offenbart ein bekanntes und wiederkehrendes Muster bei Mobbingfällen und das Erfordernis von präventiven Maßnahmen. Untersuchungen haben zudem gezeigt, dass die Gewaltbereitschaft an Schulen höher ist, an denen die Schüler glauben, dass Lehrkräfte seltener eingreifen bzw. bei Übergriffen wegschauen. Deshalb gilt es, sowohl auf der präventiven Ebene als auch auf der des Intervenierens verschiedene Werkzeuge in Betracht zu ziehen und zu diskutieren. An dieser Stelle ist es unmöglich, die Vielfalt an Möglichkeiten, sei es die Streitschlichtung, die Stärkung von Elternarbeit, Klassenrat und sozialem Lernen oder die gesetzlichen Rahmenbedingungen der jeweiligen Schulen, darzustellen. Vielmehr bietet es sich im Verlauf der Unterrichtseinheit an, konkrete Handlungsmöglichkeiten mit und für die jeweilige Klasse zu entwickeln. Das kann das Formulieren von Klassenregeln ebenso beinhalten wie das Einrichten eines Klassenrates, den Präventionsunterricht mit der örtlichen Polizei, die Organisation von Selbstbehauptungs- und -verteidigungskursen oder die Planung eines Klassenfestes und die Gestaltung des Klassenraumes. Auch die Verbesserung von Pausenaufsichten, die Organisation von themengebundenen Elternabenden oder die Einführung von Streitschlichterprogrammen sind in diesem Kontext zu diskutieren.

Gewalthandlungen unter Jugendlichen beginnen häufig in der Schule, steigern sich und eskalieren an außerschulischen Schauplätzen.

Den Lesern und damit den potenziellen Opfern, Mitwissenden oder Tätern muss in diesem Zusammenhang ihre eigene Rolle verdeutlicht und die damit verbundene gesellschaftliche Verantwortung aufgezeigt werden. Gerade die Auseinandersetzung mit diesem Themenkomplex wird besonders durch das offene Ende des Romans herausgefordert und offenbart das Nebeneinander von Illusion und Realität und das Überschreiten der fiktiven Dimension.

3 Unterrichtsvorschläge

3.1 Didaktisch-methodische Vorüberlegungen

Der Roman Nicht Chicago. Nicht hier. zeichnet sich durch ein komplexes Gefüge verschiedener inhaltlicher wie formaler Aspekte aus. Seine Wirkung beruht dabei vor allem auf der unterschiedliche Lesarten aufgreifenden Darstellung des beklemmenden Szenarios von Gewalthandlungen unter Jugendlichen. Da sich die Schwierigkeiten bei der Lektüre vor allem aus der Form des Romans ergeben dürften, muss es zentrales Anliegen einer Unterrichtsreihe sein, die Rezeptionshürde, die aus dem für die meisten Schüler zunächst ungewohnten Nebeneinander der beiden Handlungs- und Zeitebenen und den damit verbundenen verschiedenen Erzählperspektiven resultiert, zu berücksichtigen und zu überwinden.

Auf der inhaltlichen Ebene ist besonders das Fehlen von Motiven, die die Taten Karls betreffen, anzuführen. Die im Roman von den Erwachsenen vertretene Haltung, dass es keine Menschen gibt, „die gemein sind ohne Grund" (82), entspricht auch der Erwartungshaltung zahlreicher Schüler. Es gilt daher, die Leer- und Unbestimmtheitsstellen des Textes – beispielsweise auch das offene Ende – zu markieren, zu thematisieren und falls erforderlich zu füllen. Ausgehend von der Verunsicherung des Lesers muss eine Verabschiedung von traditionellen Lese- und Verstehensmodellen ebenso wie eine über den Roman hinausgehende, vom Leser zu leistende Fortsetzung des Leseprozesses einsetzen.

Aufgrund der Spannung, die bei der Gestaltung der Handlung vorherrscht, und dem einfachen, an der Sprache der Jugendlichen orientierten Ausdruck bereitet die Lektüre Schülern der Klassen 6–8 keine größeren Probleme, wenn das Prinzip des Nebeneinanders der beiden Handlungs- und Zeitebenen als tragendes Strukturprinzip begriffen wurde. Je nach Leistungsstand und Leseerfahrung der Klasse bieten sich verschiedene Herangehensweisen in Bezug auf den Leseauftrag an. Vor einer Entscheidung gilt es zu klären, wie hoch die Toleranzschwelle der Schüler ist, sich mit einem Text auseinanderzusetzen, der nicht unmittelbar verständlich ist. Es ist zu überlegen, was zu tun ist, wenn Schüler nicht unmittelbar einen Zugang zu dem Thema erhalten.

1. Bei leseerfahrenen Klassen bietet sich eine Ganzlektüre ohne vorherige Besprechung des Strukturprinzips an.
2. Sind bei einer größeren Anzahl von Schülern Schwierigkeiten bei der Lektüre zu erwarten, die ein Verständnis verhindern oder die Motivation, sich mit dem Roman zu beschäftigen, stark verringern, so sollte der Anfang des Buches gemeinsam gelesen werden. Dabei können – wie in der 2. Stunde der Stundentafel vorgeschlagen – der Aufbau und die Handlung des Buches geklärt werden.
3. Für leseschwache Klassen bzw. einzelne Schüler erscheint es sinnvoll, zunächst nur die Ebene der Vorzeitigkeit chronologisch zu lesen; die Schüler werden also aufgefordert, jeweils ein Kapitel zu überschlagen. Erst in einem zweitem Durchgang wird dann die zweite Handlungsebene rezipiert.

Die Anschaffung eines eigenen Buches für die Schüler bietet sich an. Das Erstellen eines Lesetagebuches ist denkbar, aber nicht notwendig; sinnvoller erscheint es aufgrund der strukturellen Komplexität des Romans einen Handlungsablaufs zu erstellen (siehe 2. Stunde).

Der Aufbau der Unterrichtseinheit orientiert sich primär an den literarischen Aspekten des Romans, die unmittelbar mit seinem Aufbau sowie den spezifischen sprachlichen und stilistischen Besonderheiten verknüpft sind. Da diese Aspekte jedoch miteinander verzahnt sind, erscheint ein chronologisches Vorgehen nur zu Beginn der Unterrichtsreihe sinnvoll. Besonderes Augenmerk bei der Gestaltung der Unterrichtsreihe wurde auf eine Auseinandersetzung mit dem Thema Gewalt und Mobbing gelegt. An mehreren Stellen erhalten die Schüler die Möglichkeit, sich persönlich in Form von produktiven Schreibaufträgen oder in Rollenspielen mit den dargestellten Konflikten zu beschäftigen, die Haltungen der Protagonisten in Frage zu stellen und nach Lösungsmöglichkeiten zu suchen. Auf Sekundärmaterial bzw. spezielles Hintergrundwissen muss dabei nicht zurückgegriffen werden; allein zur Einschätzung der Reaktionen der Polizei bzw. des Gerichts bietet es sich an, Zusatzinformationen hinzuzuziehen.

3.2 Checkliste: Voraussetzungen und Schwierigkeiten bei der Lektüre

Fachliche und methodische Voraussetzungen

- Kennen die Schüler die Gattung Kriminalerzählung?
- Inwieweit sind ihnen verschiedene Erzählperspektiven bekannt?
- Existieren Möglichkeiten des fächerübergreifenden Arbeitens (beispielsweise mit dem Fach Religion) bzw. der Einbettung in schulische Projekte (z. B. Gewaltprävention, Klassenrat)?
- Sind die gewählten Methoden bekannt: Erstellen eines Standbilds, Hörspiels, einer Collage oder eines Rollenspiels?

Schwierigkeiten in der Lerngruppe

- Sind die Schüler bereit, sich mit einem Thema auseinanderzusetzen, das sie eventuell selber oder aber als Klasse im Ganzen stark betrifft?
- Gibt es konkrete Vorfälle von Mobbing oder Gewalt in der Klasse?
- Inwieweit sind die Schüler bereit, sich mit ihrer eigenen Rolle, den eigenen Problemen des Erwachsenwerdens zu befassen und dies auch in der Klasse zu artikulieren?
- Sind die Schüler in der Lage und bereit, sich mit komplexen Fragen und Strukturen des Erzählens – beispielsweise dem Aufbau des Romans und seiner Erzählperspektive – länger zu beschäftigen?

3.3 Stundentafel

Kernreihe (11 Stunden)

1. Stunde **Thema:** Erste Textkonfrontation – Begegnung mit Niklas und Karl

Ziel: Die Schüler/-innen erarbeiten ausgehend von einer Konfrontation mit dem Prolog sowie einer Textanalyse des 2. Kapitels die Charaktere der beiden Hauptpersonen und erfahren das Ungleichgewicht der Kräfte im Verhältnis zwischen Karl und Niklas durch des Erstellen eines Standbildes.

2. Stunde **Thema:** Die Übersicht – Erstellen eines Handlungsablaufes

Ziel: Die Schüler/-innen erhalten durch die arbeitsteilige Zusammenfassung der Kapitel eine Übersicht der Romanhandlung, stellen die Ergebnisse in Form einer Wandzeitung dar und setzen das zentrale Gestaltungsprinzip des Romans grafisch um.

3. Stunde **Thema:** Adoleszenz: Niklas' Gefühlswelt

Ziel: Die Schüler/-innen erarbeiten textanalytisch eine Schlüsselszene des Romans (S. 39–43) und ergründen Niklas' Identitätssuche und Orientierungslosigkeit.

4. Stunde **Thema:** Gewalt hat viele Gesichter

Ziel: Die Schüler/-innen setzen sich mit dem Begriff der Gewalt und einer möglichen Definition antizipatorisch auseinander, indem sie auf einem Poster ihre persönlichen Erfahrungen mit dem Thema festhalten und anschließend in Gruppen eine Collage erstellen.

5. Stunde **Thema:** Die Eskalation der Gewalt und ihre Ursachen

Ziel: Ausgehend von einer Zusammenstellung der Übergriffe Karls in Form einer Spirale werden in vier Gruppen textanalytisch die verschiedenen Einflüsse und Ursachen der Eskalation erarbeitet. Die Schüler/-innen erkennen, dass eine monokausale Ursachenzuschreibung ausscheidet.

Thema: Machen Horrorfilme gewalttätig? — **Additum 1 für die Jgst. 7–9 (2 Stunden)**

Ziel: Ausgehend von einer kurzen Filmsequenz und der Analyse des persönlichen Konsumverhaltens der Schüler untersuchen diese anhand von theoretischen Texten die Wirkung von Horrorfilmen und diskutieren in einem Rollenspiel über eine Altersbeschränkung dieser Filme. Dadurch wird eine Auseinandersetzung mit denkbaren Ursachen von Gewalt unter Jugendlichen ermöglicht.

Thema: Die verschiedenen Erzählebenen und -perspektiven des Romans — **6./7. Stunde**

Ziel: Die Schüler/-innen erproben Wirkung und Bedeutung der verschiedenen Erzählebenen durch die produktive Umsetzung zweier Kapitel (S. 44–49) in ein Hörspiel.

Thema: Sprachliche Besonderheiten des Romans — **8. Stunde**

Ziel: Durch produktive Arbeitsaufträge – Korrektur, Umschreiben oder Ergänzen von Textpassagen – erkennen und erfahren die Schüler/-innen die Bedeutung der Leerstellen und stilistischen Besonderheiten des Textes.

Thema: Das offene Ende des Romans — **9. Stunde**

Ziel: Durch Sammeln der über das Ende hinaus offen gebliebenen Fragen werden die Leerstellen markiert; die Schüler/-innen erproben Lösungsmöglichkeiten durch ein produktives Fortschreiben des Romans und setzen sich mit ihrer eigenen Rolle bei Mobbingvorfällen auseinander.

Thema: Der Gerichtsprozess: Rollenspiel einer sich anschließenden Verhandlung — **10./11. Stunde**

Ziel: Im Rollenspiel wird nicht nur die Handlung rekonstruiert und bewertet sowie die Rolle des Rechtsstaates in Form der Polizei, des Gerichts und der Legislative geklärt. Es ist weiterhin eine Diskussion über Schuld, Gerechtigkeit und Strafen intendiert und angelegt.

Additum 2 (1 Stunde)

Thema: Der Fall Erfurt und wie es dazu kommen konnte

Ziel: Anhand eines konkretem Beispiels setzen sich die Schüler/-innen mit dem Thema Gewalt auseinander, analysieren den Tathergang sowie die Frage der Schuld und versuchen, im Verfassen von Zeitungsartikeln eine abschließende Bewertung des Themas vorzunehmen.

Verwendete Abkürzungen:

A	=	Alternative
EA	=	Einzelarbeit
GA	=	Gruppenarbeit
HA	=	Hausaufgabe
L	=	Lehrer/-in
LV	=	Lehrervortrag
	=	Leseauftrag/Leseabschnitt
Mat.	=	Material
	=	Medien (Materialien, Arbeitsblätter, Bilder etc.)
PA	=	Partnerarbeit
PRO	=	produktions- und handlungsorientiert
	=	Rollenspiel
	=	Schreibauftrag
S	=	Schüler/-innen
SD	=	Schülerdiskussion
StA	=	Stillarbeit
SV	=	Schülervortrag
TA	=	Tafelanschrieb
UE	=	Unterrichtseinheit
UG	=	Unterrichtsgespräch

Kernreihe (11 Std.)

Hausaufgabe (vorbereitend)

: Lest Kapitel 2 (S. 13–23) durch und unterstreicht wichtige Textstellen, die Niklas und Karl charakterisieren.

1. Stunde

Thema

Erste Textkonfrontation – Begegnung mit Niklas und Karl (S. 13–23)

Didaktische Aspekte (Inhalte/Ziele)

1. Einstieg: Konfrontation mit Gewalt und Aggression; Niklas' Gefühle und seine Ohnmacht werden durch drastische Ausdrücke, durch die achtmalige Wiederholung des Personalpronomens ‚ich', die Umgangssprache sowie das Abbrechen des Satzes dargestellt. Die Heftigkeit und der Eindruck der Gewalttätigkeit entstehen durch das Ineinandergreifen inhaltlicher wie sprachlicher Merkmale. Ein Zugang über das Umschlagbild ermöglicht eine antizipatorische Auseinandersetzung mit der Hauptfigur des Romans.
2. Analytische Erarbeitung: Die Textstelle ergibt kein vollständiges Charakterbild, präsentiert jedoch bereits den Grundkonflikt zwischen Niklas und Karl. Dies liegt u. a. an der Erzählperspektive, auf die bereits an dieser Stelle verwiesen werden sollte.
3. Produktionsorientierter Zugang motiviert und bündelt die einzelnen Beobachtungen in einer pointierten Darstellung; zentrale Aussage der Textstelle sowie der Standbilder sollte das Ungleichgewicht der Kräfte und das bereits entstandene Machtverhältnis zwischen den Jungen sein.

Methodische Realisierung/Verlauf:

1. LV: Vorlesen des Prologs (S. 5); UG: Sammeln von Eindrücken; S stellen Vermutungen an, welche Figur sich hinter dem Gesagten verbirgt und antizipieren die vorausgegangene Handlung. Beobachtungen über stilistische Besonderheiten werden angestellt. A: Es kann zunächst das Titelbild beschrieben und besprochen werden.

1. Stunde

2. PA: Anhand der HA sind Niklas und Karl zu charakterisieren. Dazu sollen die S zunächst einander ihre Ergebnisse vortragen, vergleichen und anschließend zusammenfassen; L hält Resultate als TA fest (Mat. 1).

Material 1

TA zu den Figuren Karl und Niklas

Karls Charakter	Niklas' Charakter
• provokante Selbstsicherheit • offen zur Schau gestelltes Desinteresse an seiner Umwelt (z. B. Schule) • rücksichtsloses Verhalten • Imponiergehabe • Gefühlskälte • Dominanz	• keine näheren Angaben über seinen Charakter • Angst und Unbehagen gegenüber Karl

→ beide sind Schüler der siebten Klasse, es wird keine genaue Altersangabe gemacht

1. Stunde

3. GA, Standbild: In 3er- bis 5er-Gruppen sollen die S in einem Standbild die Beziehung zwischen Karl und Niklas ausdrücken (Mat. 2); Darstellen und Besprechung der Standbilder; Überprüfung und Zusammenfassung der Ergebnisse anhand der Textstelle – „In seinem Magen sitzt ein kleines, hartes Gefühl, das kann er nicht erklären." (19).

Material 2

Bauanleitung für ein Standbild

1. Bestimmt zuerst einen Regisseur (oder eine Regisseurin), der das Standbild erbaut, und besetzt anschließend die verschiedenen Rollen.
2. Wichtig: Ab jetzt wird *nicht* mehr geredet.
3. Jetzt bringt der Regisseur die Figuren in die richtige Position; dabei ist nicht nur die Haltung entscheidend, sondern auch die Mimik. Diese kann der Regisseur den einzelnen Figuren des Standbildes vormachen.
4. Die Mitspieler verhalten sich während dieser Bauphase passiv.
5. Für euer Standbild könnt ihr Requisiten verwenden.
6. Wenn ihr eurer Klasse das Standbild vorführt, ist es wichtig, dass das gesamte Kunstwerk – also ihr – für 60 Sekunden erstarrt; in dieser Zeit wird weder geredet noch eine Miene verzogen. Der Rest der Klasse hat dabei Zeit das Kunstwerk zu betrachten.
7. Wenn ihr wollt, könnt ihr das Standbild fotografieren.
8. Jetzt erst könnt ihr euch aus eurer Haltung lösen und das Standbild wird besprochen.

Besprechung des Standbildes

- Wer ist wer? Zuerst hat die Klasse die Gelegenheit, sich zu dem Standbild zu äußern: Dabei müssen im ersten Schritt die Personen und – falls erforderlich – die Situation ‚erraten' werden.
- Im zweiten Schritt soll die dargestellte Beziehung zwischen Karl und Niklas gedeutet werden; jetzt äußern sich der Regisseur und seine Schauspieler zu ihren Absichten.
- Gemeinsam wird eine Überschrift für das Standbild gefunden.
- Zum Abschluss können die Schüler die Situation, die im Standbild dargestellt ist, weiterspielen; dazu dürfen die Personen sich nun bewegen und auch sprechen.

1. Stunde

Hausaufgabe:
PRO: Die verschwundene CD – Versetze dich in Niklas und zeige aus seiner Sicht möglichst konkret Reaktionen auf, wie er am Ende des 2. Kapitels (S. 23) auf die abhanden gekommene CD reagieren könnte.

2. Stunde

Thema
Die Übersicht – Erstellen eines Handlungsverlaufes

Didaktische Aspekte (Inhalte/Ziele)
1. Einstieg: Motivation durch vielfältige, kreative Schülerlösungen; mögliche Reaktionen Niklas' auf die verschwundene CD: direkte Konfrontation mit Karl, Besprechen mit seiner Familie oder mit Freunden sowie eine Ausweichreaktion. Niklas' Gefühle können dabei zwischen Enttäuschung, Unglauben bzw. Unverständnis und Aggression schwanken.
2. Eine Konfrontation mit dem tatsächlichen Fortgang der Handlung offenbart, dass das nächste Kapitel nicht an die Textstelle anschließt, vielmehr alternierend auf zwei verschiedenen Handlungs- und Zeitebenen berichtet wird.
3. Einüben des überfliegenden Lesens und Zusammenfassens der Handlung; die Platzvorgabe erfordert Konzentration auf zentrale Inhalte der jeweiligen Kapitel; verschiedene Farben, die die S verwenden, vergegenwärtigen anschaulich das Nebeneinander der beiden Handlungsebenen.
4. Präsentation der bearbeiteten Kapitel; S übernehmen Verantwortung für die eigenen Inhalte; das Vorgehen ermöglicht eine Vergegenwärtigung der gesamten Handlung sowie einen Romanüberblick; die Komplexität des Handlungsaufbaus wird durch eine grafische Umsetzung aufgelöst; die Ergebnisse werden durch einen Rückgriff auf die HA gesichert. Der Handlungsverlauf (Mat. 3, s. Kap. 3.4) für jeden S kann bei folgenden Aufgaben zur Unterstützung hinzugezogen werden.

2. Stunde

Methodische Realisierung/Verlauf

1. SV: Vortrag der HA, Besprechung unter der Fragestellung, ob die Lösung zu dem Charakter der Personen passt.
2. UG: S sollen wiedergeben, wie sich Niklas im folgenden Kapitel verhält. : S lesen die entsprechende Textstelle vor. L fragt, wann die Kapitel jeweils spielen; das zentrale Gestaltungsprinzip des Romans wird angesprochen.
3. PA: Jeweils zwei S bearbeiten zusammen ca. 2–3 Kapitel; auf Kärtchen werden Überschrift sowie in Stichworten zentrale Aspekte der Handlung des jeweiligen Kapitels notiert. Für jede Zeitebene wird eine unterschiedliche Kärtchenfarbe verwendet. Beispielhaft wird dieses Verfahren an einem Kapitel geübt.
4. SV/UG: Die Gruppen kleben ihre Kärtchen auf ein großes Poster und lesen ihre Ergebnisse vor. Falls erforderlich, werden Ergänzungen oder Korrekturen auf der Wandzeitung vorgenommen. Die jeweils nachfolgende Gruppe stellt mit Pfeilen auf dem Poster die inhaltlichen Anschlüsse der Kapitel dar. Mat. 3 sollten alle S für weitere Aufgaben bekommen. Denkbar ist es auch, die Ergebnisse der S zu vervielfältigen. Abschließend wird die Zeitebene des 2. Kapitels thematisiert.

Hausaufgabe

: Tragt Adjektive zusammen, wie sich Niklas nach dem Diebstahl der CD und des Laufwerks fühlt.

3. Stunde

Thema

Adoleszenz: Niklas' Gefühlswelt

Didaktische Aspekte (Inhalte/Ziele)

1. Einstieg: Das Zusammentragen von Niklas' Gefühlen nach Karls Übergriffen und der Konfrontation mit der zu Beginn des 6. Kapitels (S. 39–43) geäußerten Hoffnung offenbart die für die Adoleszenz typische Zerrissenheit der

3. Stunde

Jugendlichen. Diese wird in Form einer Gefühls- und Spannungskurve visuell veranschaulicht (Mat. 4, s. Kap. 3.4).
2. Erarbeitung der inneren und äußeren Handlung des Kapitels durch überfliegendes Lesen. Die PA ermöglicht einen ersten Austausch über die Bewertung der Vorkommnisse und etwaige eigene Erfahrungen. Die Zusammenfassung der Ergebnisse in einer Kurve erleichtert eine Diskussion über Niklas' Orientierungslosigkeit. Ob beispielsweise der innere Monolog am Ende als absoluter Tiefpunkt der Resignation oder als ein Zur-Ruhe-Kommen bewertet wird, hängt auch vom Standort des Betrachters ab.
3. Textanalytische Vertiefung: Ausgehend von einer detaillierten formalen wie inhaltlichen Interpretation des Kapitelendes (siehe Kap. 2.2.3) wird das für die Adoleszenz typische Oszillieren der Gefühle sowie der Verlust des familiären Schutzraumes thematisiert. Die S bringen dabei eigene Erfahrung ein.

Methodische Realisierung/Verlauf

1. SV/UG: Unter der Überschrift ‚Niklas' Gefühlswelt' werden die Lösungen der S an der Tafel gesammelt (Mat. 4).
: Gemeinsames lautes Lesen des ersten Absatzes (S. 39); L/UG: Warum besucht Niklas Karl? S werden aufgefordert, sprachliche Besonderheiten zu benennen. N. Gefühle werden als TA in Form einer Gefühls- und Spannungskurve dargestellt.
2. PA/SV : Setzt die Kurve für das Kapitel fort, haltet relevante Ereignisse fest und schreibt Adjektive auf, die Niklas' Gefühlswelt charakterisieren. Zusammentragen der Ergebnisse als TA.
3. UG: Warum behält Niklas seine Probleme für sich?
: Lesen des Kapitelendes sowie Diskussion über Nachvollziehbarkeit von Niklas' Verhalten.

Hausaufgabe

Bringt alte Zeitschriften, Schere und Klebstoff zur Erstellung einer Collage mit.

Thema

Gewalt hat viele Gesichter

Didaktische Aspekte (Inhalte/Ziele)

1. Einstieg: Wecken des Interesses sowie Einstimmung auf einen Themenschwerpunkt der UE; die Vielfalt des Gewaltbegriffes sowie die damit einhergehenden differierenden Erfahrungen der S mit dem Thema Gewalt werden festgehalten und diskutiert.
2. Ausgehend von einem Austausch über das persönliche Verständnis von Gewalt gilt es, die subjektiven Äußerungen zu ordnen, übergeordnete Kategorien – Dauer, Intensität, Zielgruppe, Täter, Motive – zu finden und eine Definition zu formulieren. Schwerpunkt der Diskussion soll auf den persönlichen Erfahrungen der S liegen; von Diskussionen über Krieg, Menschenrechtsverletzungen etc. ist auf die Lebensbereiche Schule, Elternhaus, Freizeit überzulenken.
3. Vertiefung: Übergang vom subjektiven Verständnis zum abstrakten Begriff; die Präsentation in der Klasse ermöglicht einen dauerhaften Zugriff sowie eine Kommunikation auch in anderen Fächern über das Thema.
4. Möglichkeit zur kreativen, fantasievollen Ausgestaltung des Gewaltbegriffs; S können unabhängig von L ihre persönlichen Erfahrungen und Erlebnisse austauschen. Gleichzeitig kann auf die Präsenz von Gewaltdarstellungen in den Medien eingegangen werden.

Methodische Realisierung/Verlauf

1. L hängt Poster mit der Überschrift *Gewalt* in der Klasse auf; jeder S erhält zwei farbige Zettel sowie Reißnägel. PRO/EA: Auf dem einen Zettel sollen die S den Satz „Gewalt ist für mich …“ fortsetzen, auf dem anderen sind konkrete Beispiele für Gewaltanwendungen aus dem eigenen Lebensumfeld anzuführen.
2. SV: Jeder S liest seine Lösungen laut vor und heftet sie am Poster an. L fordert S auf, die verschiedenen Zettel zu ordnen.

4. Stunde

3. L/UG: Definiert den Begriff der Gewalt. L hält Definition auf dem Poster für die Dauer der UE fest und grenzt den Ausdruck des Mobbings ab (Mat. 5). Anhand der Leitfragen, wo den S im Alltag Gewalt begegnet und wie man darauf reagieren kann, wird das Gespräch auf die Lebenswelt der S fokussiert (s. auch Mat. 14, Kap. 3.4).
4. PRO/GA: S fertigen in 4er- bis 5er-Gruppen eine Collage zum Thema Gewalt an und stellen diese der Klasse vor.

Hausaufgabe
Stelle anhand des erarbeiteten Handlungsablaufes die Aktionen zusammen, die Karl gegen Niklas unternimmt.

Material 5

Definition von Gewalt

Gewalt
- beinhaltet körperliche und seelische Schädigungen,
- ist zielgerichtet,
- richtet sich gegen Menschen und Sachen.

Mobbing
- wiederholte schikanöse Handlungen,
- die verdeckt bis offen
- ein oder mehrere Mobber
- über einen längeren Zeitraum (3–6 Monate) ausüben.
- Häufigkeit, Dauer und Art eskalieren,
- Beeinträchtigung von Körper und Seele des Opfers sowie Ausgrenzung aus sozialen Gefügen, beispielsweise der Klassengemeinschaft.

5. Stunde

Thema
Die Eskalation der Gewalt und ihre Ursachen

Didaktische Aspekte (Inhalte/Ziele)
1. Einstieg: Die visuelle Vergegenwärtigung der Übergriffe Karls in Form einer Spirale verdeutlicht die zunehmende Gewalteskalation. Die Ausschreitungen betreffen dabei sowohl Sachgegenstände – Diebstähle und Zerstörung – als auch Personen – Verletzungen, Drohungen, Erpressungen – sowie ein Tier (im juristischen Sinne eine Sache). Die Anlage des Romans sowie die Problematik des Mobbings selbst verbieten eine monokausale Ursachenzuschreibung. Ziel muss es daher sein, das Problem von verschiedenen Perspektiven aus zu betrachten und Polyvalenz als Ergebnis anzuerkennen.
2. Textanalytische Vertiefung: Durch die arbeitsteilige GA wird die Thematik von verschiedenen Perspektiven beleuchtet; die Rolle der Polizei wird aus Übersichtsgründen explizit erst in der 9. und 10. Stunde näher untersucht. Die Auswahl eines zentralen Satzes erfordert eine genaue Lektüre und einen Austausch der S über den Inhalt der Textstelle ebenso wie eine schnelle Fokussierung auf die jeweilige Kernaussage im UG. Das Verfahren fördert zudem sie Selbstständigkeit der S und erhöht ihre Methodenkompetenz.
3. Sicherung: Die einzelnen Aussagen werden gebündelt und auf den Ausgangskonflikt hin befragt: Das Zusammenwirken der verschiedenen Faktoren sorgt dafür, dass Karl keine Grenzen gesetzt werden und sein Handeln damit positiv verstärkt wird. Eine monokausale Erklärung scheidet aus.

Methodische Realisierung/Verlauf
1. SV/UG: S tragen Übergriffe Karls zusammen (siehe Aufstellung der Aktionen in Kap. 2.2.2.); L notiert sie als TA in Form einer Spirale und leitet auf die Frage über, wie es zu der Gewalteskalation kommen konnte.

5. Stunde

2. [TV-Symbol]: Arbeitsteilige GA: Drei Gruppen erarbeiten die unterschiedlichen Einflüsse und Ursachen der Gewalteskalation anhand von Leitfragen und einer zu interpretierenden Textstelle. Die Gruppen erhalten ihre Arbeitsaufträge separat auf kleinen Kärtchen (Mat. 6). Bezüglich der vorgegebenen Textstellen soll jede Gruppe einen zentralen Satz auswählen, ihn anschließend der Klasse vorlesen und begründen, warum dieses Zitat ausgewählt wurde. Alle Gruppen ernennen einen Gruppensprecher, der die Ergebnisse der Klasse vorträgt. L hält diese als TA fest; die Leitfragen der Gruppen werden als OHP-Folie präsentiert.

Material 6

Untersuchung zur Gewalteskalation

A) Rolle der Eltern
1. Wie stehen Karin und Thomas zu den Ereignissen, die ihrem Sohn widerfahren?
2. Was unternehmen sie, um ihren Sohn zu unterstützen?
3. Textstelle: S. 57 Mitte–60.

B) Die Rolle der Schule
1. Welche Erklärungen führt Frau Römer für Karls Verhalten an?
2. Was unternimmt Frau Römer bzw. was schlägt sie Niklas vor?
3. Textstelle: S. 120 unten–122.

C) Die Rolle des Freundeskreises
1. Wer sind Niklas' Freunde?
2. Wird er durch sie unterstützt bzw. wie können einem Freunde in dieser Situation helfen?
3. Textstelle S. 67–68 unten.

Lösungen

A) Die Rolle der Eltern
Ignoranz, Unglaube und der Wunsch, das Geschehene dürfe nicht wahr sein, kennzeichnen lange ihr Verhalten; die Kommunikation und damit die Vertrauensbasis zu Niklas scheinen gestört. Ihre Unterstützung beschränkt sich auf halbherzig geführte, von Eigeninteressen dominierte und nur bedingt erfolgreiche Gespräche mit den Eltern der Täter, der Polizei und Frau Römer. Zentrale Aussage der angeführten Textstelle: die Angst vor Selbstjustiz (58) sowie die explizite Nennung des Romantitels (59), die das Unverständnis Karins artikuliert: Niemand tue etwas ohne Grund.

B) Die Rolle der Schule
Frau Römers Erklärungsversuche bleiben klischeehaft – Karls Abwehrhaltung sei eine Art Schutzmaßnahme – und werden durch keinerlei zusätzliche Gespräche mit den Betroffenen vertieft. Versucht sie zunächst, durch initiierte Begegnungen die Beziehung zu verbessern, so zieht sie sich insgesamt aus dem Konflikt zurück, vermeidet, Partei zu ergreifen und empfiehlt schließlich einen Schulwechsel. Textstelle: In ihrem letztem Gespräch wird die Konfrontation mit den Erwartungen der Opferseite und deren Nichterfüllung deutlich. Zentral sind die unterschiedlichen Bewertungen von Niklas' Krise.

C) Die Rolle des Freundeskreises
Das Fehlen echter Freunde – zu denen weder Hendrik noch Rocky zählen – verschärft den Konflikt: Es sind keine Ansprechpartner vorhanden, die Karl Grenzen setzen bzw. Niklas stärken. Obwohl Niklas kein typischer Außenseiter ist, wird er u. a. dadurch zum idealen Opfer. Textstelle: Die Aussage, dass Rocky „zwei ganz verschiedene Menschen" sei (67), verdeutlicht Niklas' ambivalente Rolle im Schul- und Sozialgefüge: Er steht dazwischen.

5. Stunde

3. UG: L fordert S auf, die Ausgangsfrage – wie es zu der Eskalation der Gewalt kommen konnte – zusammenfassend zu beantworten.

Hausaufgabe

PRO (Mat. 7): Lies dir S. 44–49 noch einmal gründlich durch und bearbeite die Aufgaben 1–3 der Checkliste zum Erstellen eines Hörspiels.

Material 7

Checkliste zum Erstellen eines Hörspiels

1. Markiert die Passagen im Text, die nicht in wörtlicher Rede geschrieben sind. Überlegt, welche Aussagen davon für das Verständnis eines Hörspiels notwendig sind. Diese könnt ihr entweder in einen Dialog umschreiben oder ihr fügt einen Erzähler ein, der Erklärungen abgibt. Ebenso kann eine Person ihre Träume oder Gedanken mit veränderter Stimme oder Hintergrundmusik äußern.
2. Überlegt, ob es Aussagen gibt, die für das Hörspiel weniger wichtig sind; nehmt notwendige Kürzungen vor.
3. Kommen im Text Orts- oder Raumwechsel vor? Wie können diese dem Hörer verständlich gemacht werden?
4. Nehmt nun zusammen nötige Textveränderungen – Ergänzungen, Umschreibungen oder Kürzungen – vor.
5. Entscheidet euch, ob Hintergrundgeräusche oder Musik sinnvoll oder zum Verständnis erforderlich sind. Klärt, wie man die Geräusche erzeugen kann bzw. woher ihr die Musik bekommt. Wer übernimmt während der Aufnahme die Rolle des Geräuschemachers?
6. Überlegt, welche Rollen zu besetzen sind und wie viele Personen gebraucht werden; falls eure Gruppe zu klein ist, kann eine Person auch mehrere kleine Rollen übernehmen.
7. Besetzt die Rollen; jeder streicht anschließend seine Rolle an, damit er sie bei der Aufnahme schnell findet.
8. Übt zuerst einzeln, dann zusammen eure Rollen, bevor ihr das Hörspiel an einem möglichst ruhigen Ort aufnehmt.

Additum 1 (2 Stunden)

Thema
Machen Horrorfilme gewalttätig?

Hausaufgabe (vorbereitend)
Beantwortet den folgenden Fragebogen (Mat. 8) zur nächsten Stunde schriftlich auf einem separaten Blatt anonym.

Material 8

Fragebogen zum Thema Horrorfilme

1. Hast du schon einmal einen Horrorfilm gesehen – ganz oder in Ausschnitten? (Falls du mit nein antwortest, kannst du die folgenden Fragen für Filme mit Gewaltszenen beantworten.)
2. Wie ergeht es dir beim Angucken von Gewaltszenen in Filmen? (Mehrere Antworten sind möglich.)
   a) Ich habe Angst und mache bei den schlimmsten Szenen die Augen zu.
   b) Die Szenen gefallen mir.
   c) Ich fühle mich unbehaglich
   d) Ich finde die Szenen spannend.
   e) Ich empfinde nichts Besonderes dabei.
3. Siehst du dir die Filme am liebsten mit Freunden oder alleine an?
4. Ist es dir peinlich, mit deinen Eltern Horrorfilme anzugucken?
5. Und nach dem Film – wie fühlst du dich dann?
   a) Manchmal fühle ich mich unwohl und bin ungern allein.
   b) Es ist alles wie sonst.
   c) Ich bin aufgekratzt, muss mich dringend bewegen und ‚Dampf' ablassen.
   d) Ich bin betrübt.
   e) Wenn ich vorher schlecht gelaunt war oder mich über etwas geärgert habe, geht es mir anschließend besser.

Additum 1

Didaktische Aspekte (Inhalte/Ziele)

1. Einstieg: Motivierend durch das Medium und die ungewohnte Thematik; das Thema der Stunde ergibt sich unmittelbar aus dem Einstieg selbst. Da nicht der Inhalt eines Films, sondern die im Film dargestellte Gewalt entscheidend ist, kann eine beliebige Szene ausgewählt werden, ohne dass näher auf ihren Kontext eingegangen werden muss. Bei der anschließenden Diskussion sollte sich L stark zurücknehmen um möglichst zahlreiche und verschiedene Beobachtungen sowie Eindrücke der S zu erhalten.

2. Die Thematik lässt sich durch die gebündelten Ergebnisse der anonymen Befragung vertiefen, da zu erwarten ist, dass sich in der Diskussion zahlreiche S zurückhalten bzw. Positionen nicht vertreten werden, die als nicht schul- bzw. gesellschaftskonform eingeschätzt werden. Es geht nicht darum, eine moralisch wie ästhetische Abwehrhaltung gegenüber violenten Darstellungen in Medien zu evozieren. S sollen vielmehr dazu befähigt werden, sich kritisch mit der Wirkung und den Funktionszusammenhängen auseinanderzusetzen. Damit eine Auswertung des Fragebogens möglich ist, sollte dieser von den S einige Tage vor der Stunde beantwortet werden.

3. Textanalytische Vertiefung: Die Auseinandersetzung mit verschiedenen Theorien zur Wirkung von Gewaltdarstellungen erfolgt anhand von Textausschnitten, die didaktisch vereinfacht wurden; trotzdem kann der Gebrauch eines Fremdwörterbuches nötig sein; um ein bloßes Abschreiben des Textes zu verhindern, sollen die S zur Veranschaulichung ein Beispiel anführen. Das Festhalten auf Folie führt zur weiteren Sicherung der Ergebnisse; die Ernennung eines Gruppensprechers, der im Rollenspiel die entsprechende Position vertritt, fördert die Selbstständigkeit und Methodenkompetenz der S.

Während die Simulationshypothese sowie das Habituationsmodell von einer Wirkung der Gewaltdarstellungen ausgehen – Steigern der Aggression sowie Veränderung

des Wertesystems und Abstumpfen – wird in der Null-Hypothese davon ausgegangen, dass kein nachweisbarer Zusammenhang zwischen Gewaltdarstellungen und Aggressionen besteht.
4. Der produktive Ansatz erhöht nicht nur die Motivation, sondern fordert von den S, sich mit ihrer eigenen Mediennutzung und -kompetenz zu beschäftigen. Dass durch das Hinzuziehen von theoretischen Positionen eine Diskussion vertieft werden kann, dürfte die Einsicht der S, komplizierte Texte zu rezipieren, nachhaltig fördern. Durch das Zurückkommen auf die Ausgangsfrage wird der Bezug zum Roman hergestellt und die Diskussion der Frage nach den Ursachen von Karls Verhalten vertieft.

Methodische Realisierung/Verlauf
1. : L zeigt eine kurze Szene aus einem Horrorfilm bzw. einem Film mit Gewaltszenen und befragt die S nach ihren Eindrücken und der Wirkung des Filmausschnittes. A: Falls kein Videogerät zur Verfügung steht, kann alternativ mit dem Fragebogen begonnen werden.
2. L/UG: L präsentiert die Ergebnisse der Befragung auf OHP-Folie; Vertiefung anhand der Leitfragen: Warum schauen sich Menschen Gewaltfilme an und welche Wirkung hat das Betrachten dieser Filme? Die Thesen werden als TA festgehalten.
3. GA/SV: Für ein sich an die GA anschließendes Rollenspiel sollen vier verschiedene Texte zur Wirkung von Gewalt in Medien gelesen werden (Mat. 9). Die S halten Thesen sowie ein Veranschaulichungsbeispiel auf Folie fest und ernennen einen Gruppensprecher.

Material 9

Hintergrundinformationen für die Talkshow

Ihr seid eine Gruppe von Experten und Expertinnen, die im Rahmen einer Talkshow zum Thema *Sollen Horrorfilme erst ab 18 freigegeben werden?* eine Stellungnahme abgeben soll. Lest dazu euren Text gründlich durch, schlagt die Wörter nach, die ihr nicht kennt, und fasst den Text in eigenen Worten zusammen. Überlegt euch für die Texte A, C und D jeweils ein Beispiel zur Veranschaulichung. Am Ende müsst ihr einen Gruppensprecher ernennen, der euch in der anschließenden Talkshow vertritt.

A) Simulationshypothese
Die Betrachtung gewalttätiger Medieninhalte steigert die Aggression bzw. Aggressionsneigung der Zuschauer. Medieninhalte versetzen den Betrachter unter bestimmten Umständen in einen Erregungszustand von Körper und Geist, der sämtliche Funktionen aktiviert und generell die Bereitschaft erhöht, auf Umweltreize intensiv zu reagieren. Sind diese Reize geeignet, aggressives Verhalten zu zeitigen, dann wird man intensiv diese Reaktionsweise ausüben. Der Medieninhalt erscheint dabei zunächst nebensächlich; entscheidend ist, dass er erregt. Medien stimulieren nur Verhaltensweisen, die man gelernt hat.
Andere Forscher behaupten dagegen, dass es die gewalttätigen Inhalte sind, die gelernt werden und in geeigneten Situationen auch hervorgerufen werden. Die in den Medien am aggressiven Vorbild gelernte Aggression (Imitationslernen) erhöht die Wahrscheinlichkeit, sich entsprechend zu verhalten; in konkreten Situationen erinnert man sich und setzt das Verhalten ein.

B) Experimente zur Simulationshypothese
Es wurden vier Gruppen von Kindergartenkindern gebildet: Gruppe A beobachtete einen Erwachsenen, der eine Gummipuppe (Bobo-doll) aggressiv attackierte; Gruppe B sah die gleiche Szene filmisch dargeboten; Gruppe C sah eine Zeichentrickfigur, die ebenfalls mit der Puppe rabiat umging und Gruppe D beobachtete einen nichtaggressiven Filminhalt. Daneben gab es noch eine Kontrollgruppe, die in den Versuch nicht einbezogen war. Im Anschluss an die Vorführung wurden die Kinder in einen Raum geführt, in dem attraktives Spielzeug lag. Das wurde ihnen aber weggenommen (Frustration zur Erhöhung der Aggressionsbereitschaft), angeboten wurde dagegen u. a. eine Bobo-Puppe. Im Ergebnis attackierten die Kinder, die aggressive Vorführungen gesehen hatten, signifikant

häufiger die Puppe, als diejenigen aus den beiden übrigen Gruppen. In späteren Experimenten zeigte sich, dass die Aggression dann am deutlichsten war, wenn die dargestellten Vorbilder für ihr Verhalten noch belohnt wurden.

C) Habituations-Modell
Nach dieser Theorie nimmt durch den ständigen Konsum von Fernsehgewalt die Sensibilität gegenüber Gewalt ab, die schließlich als normales Alltagsverhalten betrachtet werden soll. Im Habituations-Modell (Habituation, lat. = Gewöhnung) wird angenommen, der Betrachter gewöhne sich an Gewalt, stumpfe gegenüber Gewalt ab, werde durch Veränderung seines Wertesystems eher gleichgültig gegenüber aggressivem Aushandeln von Konflikten und mache sich, wenn nicht durch aktive Gewaltanwendung, so durch Unterlassung, Gewalt anzuwenden, schuldig.

D) Null-Hypothese
Die Betrachtung von gewalttätigen Inhalten ist ohne jeglichen Einfluss auf die Aggression bzw. Aggressionsneigung der Betrachter dieser Inhalte. Einige Forscher meinen, es bestünde im Sinne unmittelbarer Wirkung keine Beziehung zwischen Rezeption von Gewaltdarstellung und nachfolgender Aggression auf der Verhaltensebene, andere wieder meinen, zwar werde das Verhalten nicht beeinflusst, jedoch die Einstellung zur Gewalt. Und die Mehrheit sagt schlicht und einfach, bisher sei ein solcher Zusammenhang noch nicht nachgewiesen.

Additum 1

4. : Im Rahmen einer Talkshow soll geklärt werden, ob Horrorfilme für Kinder bzw. Jugendliche unter 18 Jahren verboten werden sollen. Neben den vier Gutachtern sind folgende Rollen zu besetzen: Moderator, Schüler, Filmproduzent, Psychologe, Eltern, Jugendschutzbeauftragter. In der Abschlussbesprechung wird – falls erforderlich – noch einmal explizit auf die vier theoretischen Texte eingegangen und auf die Fragestellung, welche Wirkung Gewaltfilme auf das Verhalten von Jugendlichen haben, zurückgekommen.

6./7. Stunde

Thema

Die verschiedenen Erzählebenen und -perspektiven des Romans

Didaktische Aspekte (Inhalte/Ziele)

1. Einstieg: Motivation durch produktionsorientierten Zugang. Die Stunde beginnt unmittelbar mit der GA, ohne dass auf mögliche Probleme bzw. Unterschiede der beiden Kapitel verwiesen wird; zum einen fördert dies die Selbstständigkeit, zum andern bleibt die hohe Motivation der S erhalten.

2./3. Folgende Aspekte sind beim Erstellen einer Hörspielfassung sowie bei der Besprechung zu berücksichtigen:

- Während das erste Kapitel fast ausschließlich aus Dialogen besteht und gegebenenfalls nur über Kürzungen zu diskutieren ist, gilt es, den letzten erzählenden Teil umzugestalten. Denkbar ist das Einfügen eines außenstehenden Erzählers. Bei der Überleitung zum nächsten Kapitel müssen die unterschiedliche Raum- und Zeitdimension und damit der veränderte Grad der Eskalation und Betroffenheit deutlich werden (evt. durch Musikuntermalung).
- Da das zweite Kapitel aus Niklas' Sicht wiedergegeben wird, gilt es, sowohl die nonverbalen Äußerungen als auch seine Gefühle und Reflexionen darzustellen. Zur Umsetzung dieser Passagen in ein Hörspiel bietet sich das Einfügen einer zusätzlichen Stimme, z. B. der des Erzählers, an, die sich jedoch von der des 1. Kapitels unterscheiden müsste. Durch Streichen der erzählenden Passagen hingegen würden wesentliche Aussagen verloren gehen.
- Der kontinuierliche Wechsel der Erzählebenen, der Wechsel zwischen Vergangenem und Gegenwärtigem sowie das Nebeneinander verschiedener Erzähler zer-

stört nachhaltig die Mimese der Wirklichkeit. Die Illusion wird durchbrochen und der Leser kann nicht einfach die Handlung konsumieren: Er muss verschiedene Blickwinkel übernehmen und als Co-Autor die Bedeutung der Erzählung selber produzieren. Die Sicherheit eines eindeutig zuzuschreibenden Sinns existiert nicht.

Methodische Realisierung/Verlauf

1. vorbereitende GA: Einteilung der Klasse in ca. 3 Gruppen (durch S oder bei inhomogenen Klassen durch L), die zusammen mithilfe der Checkliste (Mat. 7, s. 5. Std.) jeweils eine Textfassung für ein Hörspiel erarbeiten.
Es muss sichergestellt sein, dass jede Gruppe auf ein privates oder schulisches Aufnahmegerät zugreifen kann. Im Idealfall steht jeder Gruppe in dieser Stunde ein eigener Raum zur Verfügung.
2. GA: Fertigstellen des Hörspiels in der Schule oder zu Hause; Präsentation der Ergebnisse in der nächsten Stunde.
3. SV/UG: Vortrag der verschiedenen Hörspiele ohne spezielle Beobachtungsaufträge; Fragen zum Verständnis und zur Produktion werden geklärt. Zur Auseinandersetzung mit der Funktion und Wirkung der verschiedenen Erzählebenen bieten sich folgende Leitfragen an:
   1. Wie unterscheidet sich der Roman von der Hörspielfassung (z. B. in Bezug auf Spannung)?
   2. Wird es deutlich, dass es sich um zwei Kapitel handelt? Wie unterscheiden sie sich?
   3. Wer berichtet, wenn keine direkte Rede vorliegt?
   4. Was weiß der Erzähler jeweils von der Handlung und den Personen?
   5. Warum hat die Autorin zwei verschiedene Erzählebenen und -perspektiven eingeführt?

Am Ende wird noch einmal der Bezug zum Hörspiel hergestellt und im UG überlegt, wie sich mit den gewonnenen Einsichten ein idealtypisches Hörspiel herstellen ließe.

6./7. Stunde

Hausaufgabe

PRO ✎: Lest S. 39–41 Mitte und notiert die ‚Fehler' bzw. korrigiert diese (mit Bleistift), sodass der Textausschnitt in korrektem Deutsch verfasst ist.

A der 6./7. Stunde

Hausaufgabe (vorbereitend)

Verfasst die ersten Sätze eines Krimis, den ihr entweder bereits kennt oder den ihr euch ausgedacht habt.

Didaktische Aspekte (Inhalte/Ziele)

1. Einstieg: Motivation durch produktionsorientierten Zugang. Anhand der selbstverfassten Krimifragmente können wesentliche Merkmale der Gattung erarbeitet werden (siehe Kap. 2.1). Es gilt hier besonders, auf die psychologischen Aspekte der Täter-Opfer-Konstellation sowie das Nebeneinander der beiden Handlungs- und Zeitebenen abzuheben.
2. Erarbeitung: Durch Rekonstruktion der Handlung Thematisieren der Begriffe erzählte Zeit und Erzählzeit. Die Behinderung des Leseflusses sowie die Erhöhung der Spannung können bereits zu diesem Zeitpunkt angeführt werden.
3. Auseinandersetzung mit der Figur des Erzählers und der Funktion der beiden Erzählebenen (siehe dazu 6./7. Stunde). Nach dem Zusammentragen der Gruppenergebnisse ist ein Vergleich der beiden Ebenen im Hinblick auf den Inhalt, die Rolle des Erzählers, den Stil sowie die Diskrepanz von Erzählzeit und erzählter Zeit möglich.

Methodische Realisierung/Verlauf

1. SV/UG: Vorlesen der Krimianfänge. Festhalten wichtiger Merkmale der Kriminalerzählung und Diskussion der Frage, was passiert, wenn der Täter schon zu Beginn be-

A der 6./7. Stunde

kannt ist. Überleitung zur Frage, wie in NICHT CHICAGO. NICHT HIER. Spannung erzeugt wird.
2. UG: Ordnen der Kapitel des Romanbeginns anhand des Handlungsablaufs; Vergleich mit herkömmlichen Krimis. S stellen Thesen über die Intention des Nebeneinanders der beiden Ebenen an.
4. Arbeitsteilige PA/SV: Die Klasse wird in zwei Hälften geteilt, die sich jeweils mit einem Kapitel (S. 44–45 oder S. 46–49) beschäftigen. Folgende Aufgaben sollen in PA für das entsprechende Kapitel bearbeitet werden:

1. Stellt die Äußerungen zusammen, die nicht in direkter Rede verfasst sind.
2. Was weiß der Erzähler von der Handlung und den Personen?
3. Wer könnte er sein?

8. Stunde

Thema
Sprachliche Besonderheiten des Romans

Didaktische Aspekte (Inhalte/Ziele)
1. Einstieg: Motivation durch Rollenübernahme, S üben sich zudem im freien Vortrag; stilistische Besonderheiten: Wiederholungen (v. a. ‚vielleicht' und ‚sagen'), umgangssprachliche und vulgäre Ausdrücke, Orientierung an der gesprochenen Jugendsprache, unvollständige Sätze, Fehlen einer Überschrift, grammatikalische Fehler
2. Erarbeitung: Unverständnis kann besonders das Ende der Textpassage aufgrund seiner Erzählperspektive, des elliptischen Stils sowie des Aussparens von Karls Motiven hervorrufen. Da diese sprachlichen Phänomene intentional eingesetzt werden, z. B. um Spannung oder Authentizität zu erzeugen, lässt sich nicht von ‚Fehlern' sprechen.
3./4. Textanalytische und -produktive Vertiefung: Leseförderung durch lautes Lesen; durch das produktive

8. Stunde

Verfassen von Texten können eigene Erfahrungen mit der Wirkung des Erzählprinzips gesammelt werden; der Vortrag der Schülertexte ermöglicht eine Fokussierung auf die Wirkung der Texte und damit auf die eingangs gestellten Leitfragen.

Methodische Realisierung/Verlauf

1. SV/UG: L zeigt Folie mit dem kopierten Textausschnitt der HA und fordert S auf, die Rolle des Lehrers zu übernehmen und die Fehler anzustreichen; Sammeln der Korrekturvorschläge an der Tafel; es kann sinnvoll sein, bereits beim Stellen der HA auf mögliche Fehlertypen zu verweisen (z. B. Satzbau, Wiederholungen).
2. UG: Diskussion der Frage, ob es sich z. B. bei umgangssprachlichen Ausdrücken um tatsächliche Fehler handelt; weiterhin gilt es zu klären, ob alle Passagen verständlich sind bzw. worauf Missverständnisse beruhen. Mögliche Leitfragen: Wer erzählt die Handlung und was kennzeichnet diesen Erzähler? Kann Kirsten Boie kein richtiges Deutsch schreiben?
3. SV/EA bzw. PA: Untersuchung der Wirkung dieser Stilmerkmale anhand einer weiteren Textstelle; dazu zunächst lautes Lesen der Textstelle S. 94 u – 97 u mit verteilten Rollen (Rollen: Rocky, Niklas, Karl, Erzähler).

PRO: Mat. 10 bearbeiten in EA oder PA.

Material 10

Umschreiben von Textstellen

Arbeitsaufträge (zur Auswahl)

1. Korrigiere die ersten 11 Zeilen (S. 94 u – 95 o), indem du den Text in korrektem Deutsch verfasst.
2. Füge auf S. 97 (nach „Klumpen Kotze“) eine Passage ein, die aus der Sicht Karls seine Gedanken und Gefühle vor der Zerstörung des Quix wiedergibt. Wähle dazu die Er-Form.
3. Schreibe die folgende Textstelle (S. 95, „Kann ich mal […]“

bis 95 u) so um, dass keine Dialoge vorkommen. Kürzungen und Ergänzungen musst du selbstständig vornehmen.

Anmerkungen/Lösungsansätze

- Zu 1: Durch das Vervollständigen der Sätze, das Vermeiden von Wiederholungen sowie umgangssprachlichen Ausdrücken entsteht ein expliziterer und distanzierterer Text, der die Dramatik und Anspannung der Situation nicht mehr wiedergeben kann.
- Zu 2: Die angeführten Motive verbleiben auf der Ebene des Spekulativen und lösen das Problem monokausal auf; einem möglichen Empathiegewinn steht zudem ein deutlicher Spannungsverlust entgegen.
- Zu 3: Die Brutalität, Aggressivität sowie Authentizität der Szene kommt in dem Dialog unmittelbar zum Ausdruck, ohne dass eine Auflösung der Andeutungen oder erklärende bzw. bewertende Psychologisierungen nötig sind. Atemlosigkeit sowie Spannung gehen ohne Dialoge weitestgehend verloren.

8. Stunde

4. EV/UG: Vortrag der Schülertexte, Diskussion ihrer Wirkung in Abgrenzung zur Romanvorlage und Zusammentragen der stilistischen Besonderheiten des Romans

Hausaufgabe

: Notiere alle Fragen, die über das Ende des Romans hin offen bleiben. Wähle dazu folgende Form:

- Der Leser weiß nicht, …
- Es ist nicht sicher, ob …

9. Stunde

Thema

Das offene Ende des Romans

Didaktische Aspekte (Inhalte/Ziele)

1. Einstieg: thematische Einstimmung durch Konfrontation mit Niklas' Gefühl der Ohnmacht und Aggression.

9. Stunde

2. Textanalytische Erarbeitung: Vergegenwärtigen der Leerstellen, die durch das offene Ende entstehen; Strukturierung und Abstraktion der Fragen durch die vorgegebene Form. Unbestimmtheit besteht besonders im Hinblick auf den konkreten Fortgang der Handlung (Was steht in dem Brief? Wird die Klage abgewiesen? Wird Niklas die Schule schaffen oder sie wechseln?), aber auch auf die Haltung und Motivation der einzelnen Personen (Setzt Karl seine Aggressionen gegenüber Niklas oder anderen fort? Bleibt Niklas in einem neuem Umfeld weiterhin Opfer oder wird er zum Täter?). Die Vielzahl der Fragen lässt sich in einem *Warum?* (Motive Karls) und einem *Wie?* (Auswege aus der Situation) zusammenfassen.
3./4. Vertiefung durch produktionsorientierte Herangehensweise: Auflösung und explizite Thematisierung der verschiedenen Leerstellen des Romans. Dabei bieten sich unterschiedliche Lösungen an (Umzug, Schulwechsel, Gerichtsverhandlung, Selbstmord etc.). Aufgrund der Komplexität der Ursachen werden die Auswege in der Regel dem Problem nicht gerecht. Damit aber muss das Vermeiden einer monokausalen Lösung im Roman als bewusste poetische Entscheidung verstanden werden.
5. Erzeugen von über den Text hinausreichender Empathie durch Bezug auf die eigene Lebenswelt: Das unbefriedigende Gefühl, das sowohl das Romanende als auch die eigenen Lösungen hervorrufen, ermöglicht eine Diskussion der Frage, wie der Konflikt hätte vermieden werden können. Hier können Gespräche mit der Schulleitung, Beratungslehrern und der Presse ebenso angeführt werden wie die in Kap. 2.4 aufgezeigten präventiven Möglichkeiten.

Methodische Realisierung/Verlauf

1. L liest das Romanende (S. 126) laut vor
2. SV/UG: Vortrag der HA; Sammeln und Ordnen der Fragen an der Tafel; L konfrontiert S mit der Frage, wie ein ‚richtiges' Ende aussehen könnte.

3. PRO EA/PA/: Ausgehend von einer Diskussion über mögliche Lösungen des Konfliktes sollen die S den Roman im Anschluss an S. 126 beenden und damit unterschiedliche Lösungen erproben.
4. SV/UG: Vortrag der Texte und Diskussion der Wirkung und Wahrscheinlichkeit der Lösungen. Konfrontation der S-Texte mit dem Romanende fokussiert auf die Frage, warum sich Boie für ein offenes Ende entschieden hat.
5. UG: Auseinandersetzung der Klasse mit ihrer eigenen Rolle bei Mobbingvorfällen im persönlichen sozialen Umfeld; Überleitung auf diesen Themenkomplex durch die Leitfrage, an welcher Stelle im Roman der Konflikt hätte unterbunden werden können.

Hausaufgabe

: Die Rolle der Polizei und des Gerichts: Lies dir die folgenden Paragraphen (Mat. 11) durch und notiere dir die Konsequenzen für die Figuren des Romans.

Material 11

Die juristische Seite des Problems

Die folgenden Paragraphen und Kommentare sind dem Strafgesetzbuch entnommen:

Schuldunfähigkeit des Kindes

§ 19 Schuldunfähig ist, wer bei Begehung der Tat noch nicht vierzehn Jahre alt ist.

[…] während § 19 die Schuldunfähigkeit des Kindes als einen Dauerzustand ohne Ausnahme deklariert. […] Auf der anderen Seite wirkt sich die absolute Schuldunfähigkeit auch als Prozesshindernis aus.

Verletzung der Fürsorge- oder Erziehungspflicht

§ 171 Wer seine Fürsorge- oder Erziehungspflicht gegenüber einer Person unter sechzehn Jahren gröblich verletzt und dadurch

den Schutzbefohlenen in die Gefahr bringt, in seiner körperlichen oder psychischen Entwicklung erheblich geschädigt zu werden, einen kriminellen Lebenswandel zu führen oder der Prostitution nachzugehen, wird mit Freiheitsstrafe bis zu drei Jahren oder mit Geldstrafe bestraft.
Die Fürsorge- und Erziehungspflicht umfasst auch das Fernhalten schädlicher Einflüsse.
Die Tathandlung kann sowohl im aktiven Tun als auch in einem Unterlassen bestehen.

Verletzung der Vertraulichkeit des Wortes
§ 201 Mit Freiheitsstrafe bis zu drei Jahren oder mit Geldstrafe wird bestraft, wer unbefugt
1. *das nichtöffentlich gesprochene Wort eines anderen auf einen Tonträger aufnimmt oder*
2. *eine so hergestellte Aufnahme gebraucht oder einem Dritten zugänglich macht.*

Die Tat ist nicht rechtswidrig, wenn die öffentliche Mitteilung zur Wahrnehmung überragender öffentlicher Interessen gemacht wird.

10./11. Stunde

Thema
Der Gerichtsprozess: Rollenspiel einer sich anschließenden Verhandlung

Didaktische Aspekte (Inhalte/Ziele)
1. Einstieg: Entwicklung des Stundeninhaltes in Anknüpfung an die vorige Stunde – das offene Ende; durch Doppelbesetzung der Rollen werden alle S eingebunden.
2. Motivierende Form der Handlungsrekonstruktion und -bewertung sowie selbstständige Auseinandersetzung mit den Fragen der Schuld und der Gerechtigkeit sowie der Beweisbarkeit der Taten. Gleichzeitig findet eine produktionsorientierte Beschäftigung mit zentralen Leerstellen des Romans statt. Durch die Einführung des Schöffenamtes werden alle S während des gesamten Rollenspiels beteiligt; das Rollenspiel selbst erfordert gute Textkenntnis.

10./11. Stunde

3. Ausgehend vom Rollenspiel kann eine Auseinandersetzung mit den Grenzen einer juristischen Lösung stattfinden; das textnahe Lesen der Paragraphen und entsprechenden Textstellen ermöglicht eine Einschätzung der im Roman vertretenen Positionen und Lösungsangebote.
4. Abschluss der UE: Der Rückgriff auf den Prolog schließt die UE ab und stellt einen inhaltlichen Rahmen her. Im Sinne eines hermeneutischen Zirkels erfordert die Konfrontation mit der in der Literaturwissenschaft vertretenen These, der Prolog könne von Karl stammen, eine inhaltliche wie formale Analyse (Erzählperspektive, Ich-Form, Bezug zum offenen Ende). Die Bewertung der These – und die ihr innewohnende Unwahrscheinlichkeit – thematisiert ein zentrales Merkmal des Romans: seine Offenheit und Leerstellen.

Methodische Realisierung/Verlauf

1. L öffnet einen Umschlag (Mat. 11, s. 9. Std.) und liest die Anklage (Mat. 12) vor. UG: Klärung der zu besetzenden Rollen; zur Vorbesprechung werden diese Rollen doppelt besetzt; L stellt Ablauf der Gerichtsverhandlung vor (Mat. 12).

Material 12

Ablauf und Durchführung des Gerichtsprozesses

Anklage

Gegen Karl wird Anklage wegen schwerer Körperverletzung, Diebstahl, Sachbeschädigung, Erpressung und Nötigung erhoben. Seine Eltern haben sich wegen Verletzung ihrer Aufsichtspflicht zu verantworten. Der Prozess findet in zwei Wochen am Jugendgericht statt. Kläger und Beklagte haben sich pünktlich einzufinden.

Rollen
Richter; Angeklagter Karl und seine Eltern; Karls Anwalt; Kläger Thomas; Niklas; Niklas' Anwalt; Zeugen: Rocky, Frau Römer, Svenja

Ablauf
Im Prozess werden zuerst der Kläger und der Angeklagte gehört; dann werden die Zeugen aufgerufen; nicht nur der Richter, sondern auch die jeweiligen Anwälte befragen den Angeklagten, den Kläger und die Zeugen. Nach der Befragung bereiten die Anwälte mit ihren Mandanten ihr Schlussplädoyer vor. Die Schöffen treffen sich ebenfalls zu einem ersten Austausch. Nach dem Plädoyer zieht sich das Gericht – Richter und Schöffen – in einen anderen Raum zur Beratung zurück. Verkündung des Urteils und falls erforderlich der Strafe.

10./11. Stunde

2. (Sprechblase): Arbeitsteilige GA: Die Gruppen bereiten sich auf ihre Rollen vor; während des Rollenspiels nimmt die Zweitbesetzung in Form einer Fishbowl in einem Kreis Platz. Diese S übernehmen nun die Rolle der Schöffen, die anschließend zusammen mit dem Richter über Schuld und Strafmaß zu beraten haben. Durchführung der Gerichtsverhandlung

3. UG: Diskussion über das ausgesprochene Urteil, mögliche Strafen, Gerechtigkeit, Schuld sowie Grenzen und Möglichkeiten des Rechtsstaats; Vergleich zwischen Roman und Rollenspiel; Verweis auf die entscheidenden Paragraphen und auf entsprechende Textstellen des Romans im Kontext mit der Polizei (Mat. 11 und 13).

4. UG: Auseinandersetzung mit der Frage, ob es möglich ist, dass Karl der Absender der Äußerungen im Prolog ist. Lesen und erneute Interpretation des Prologs.

Material 13

Beweisbarkeit und Bewertung der Taten:

- „Der Polizist öffnet bedauernd die Hände. ‚Dann steht Aussage gegen Aussage', sagt er. ‚Haben Sie Zeugen? Für irgendwas?'" (51)
- „‚Kassetten sind nicht zugelassen. Könnten ja gefälscht sein.'" (51)
- „‚Und vor Gericht wird es auch nicht darum gehen, was der Richter glaubt. Recht hat nichts mit Glauben zu tun, nur mit Beweisen.'" (101)
- „‚Es ist ein Bagatellfall.'" (101)
- „‚Und du solltest dir das alles nicht so zu Herzen nehmen.'" (110)
- „‚Ich zeige doch kein Kind an! Ich kriminalisiere doch keinen Jungen, nur weil er vielleicht in der Pubertät mal eine Phase hat […]'" (104)
- „‚Es kann doch nicht sein, dass man völlig machtlos ist! Ich glaub es einfach nicht! Dies ist schließlich ein Rechtsstaat!'" (111)

Additum 2 (1 Stunde)

Thema
Der Fall Erfurt und wie es dazu kommen konnte

Hausaufgabe (vorbereitend)
Recherchiert im Internet zu dem Amoklauf des Robert S. am Gutenberg-Gymnasium in Erfurt im Jahr 2002 und druckt entsprechende Zeitungsartikel aus.

Didaktische Aspekte (Inhalte/Ziele)
1. Durch den motivierenden und realitätsnahen Einstieg einer Simulation rekonstruieren die S die Handlung und diskutieren die verschiedenen Ursachen des Verbrechens, ohne dass zu diesem Zeitpunkt explizit auf die HA eingegangen wird. Je nach Material der S kann es zu sehr unterschiedlichen Bewertungen und Aussagen kommen. Differieren die Aussagen sehr, bietet sich bereits zu diesem

Additum 2

Zeitpunkt eine medienkritische Auseinandersetzung an.
2./3. Vertiefung: Ausgehend von den verschiedenen Zeitungsartikeln, den unterschiedlichen Schwerpunkten, Bewertungen und der jeweiligen Aufmachung setzen sich die S mit möglichen Ursachen von Gewalttaten auseinander. Das Medium Zeitung sowie die Brisanz der Thematik regen die S an, sich auf diese Fragestellungen einzulassen und sich textanalytisch zu betätigen. Die Frage nach der Schuld sowie einer gesellschaftlichen Entwicklung von Gewaltdelikten ermöglicht den S zum einen sich persönlich einzubringen; anderseits wird eine Diskussion auf einem abstrakteren Niveau eingeleitet, die Rückschlüsse auf den Roman erlaubt. Auf die Unterschiede zwischen Fiktion und Realität sollte an dieser Stelle noch einmal explizit eingegangen werden.
4. Produktionsorientierter Zugang: Die Fragestellung greift den Einstieg der Stunde auf und ermöglicht eine individuelle Auseinandersetzung mit dem Thema Gewalt; in den Artikeln können zudem die aus der Besprechung von NICHT CHICAGO. NICHT HIER. gewonnenen Einsichten und Fragen aufgenommen und umgesetzt werden; aus diesem Grund bietet sich die Durchführung dieser Stunde besonders am Ende der UE an.

Methodische Realisierung/Verlauf

1. LV/PRO/UG: Simulation einer Redaktionskonferenz unter folgender Fragestellung: Der Jahrestag des Amoklaufes nähert sich und die lokale Zeitung möchte dazu einen Artikel veröffentlichen. Worüber soll berichtet werden? Warum sollte ein solcher Artikel erscheinen?
2. GA: Die S berichten einander über ihre Artikel, lesen sich interessante Passagen vor und bearbeiten die Artikel unter folgenden Fragestellungen:
- Was wissen wir über den Täter?
- Wie ist es zu dem Amoklauf gekommen?
- Werden S immer gewalttätiger?
- Wer hatte Schuld an dem Verbrechen?

Additum 2

Ihre Ergebnisse sollen die S in Stichworten festhalten.
3. UG: Zusammentragen der Ergebnisse und Anheften der Artikel auf einem Poster.
4. EA/SV: Verfassen eines Zeitungsartikels unter der Fragestellung: Können die Ereignisse von Erfurt auch bei uns passieren? Vortrag der Artikel und Anheften an das Poster.

3.4 Weitere Materialien

Material 3 (2. Std.)

Der Handlungsverlauf des Romans

S. 6–12: **Das verschwundene Kaninchen** Kaninchendiebstahl wird festgestellt; Thomas will Anzeige erstatten
S. 13–23: **Die gestohlene CD** Karl kommt neu in Niklas' Klasse; Begegnung von N und K im Bus; N empfindet Unbehagen; K besucht N wegen des Geschichtsreferats; Svenjas CD verschwindet
S. 24–28: **Auf der Suche nach der Wahrheit** Anruf bei Jannis' Vater; am nächsten Morgen besucht Jannis Thomas und beteuert seine Unschuld
S. 29–36: **Das gestohlene Laufwerk** 2. Besuch Ks bei N; K nimmt Thomas' Laufwerk ohne Ns' Einverständnis; N hat erneut seine Hausaufgaben nicht; er bezahlt Svenjas CD und stellt K zur Rede; K ignoriert N
S. 37–38: **Jannis, der Mittäter** Jannis' Alibi ist falsch; Beginn des Telefonterrors
S. 39–43: **Der Gasangriff** N besucht K, um sich das Laufwerk zu holen; N surft mit K im Internet; N ist stolz, dass K sein Freund ist; K sprüht N Gas in die Augen; N erzählt zu Hause nichts
S. 44–45: **Familiensinn** Thomas erstellt Liste von Ks Übergriffen; Diskussion über Beweiskraft der Telefonmitschnitte; Fortsetzung des Telefonterrors

S. 46–49: **Frau Römer** N will nicht mehr mit K arbeiten; Gespräch mit der Lehrerin, die um Verständnis für K wirbt; N verpasst absichtlich Bus und fühlt sich erleichtert; K ruft an, N hofft, das Laufwerk zu erhalten
S. 50–53: **Bei der Polizei** Polizist nimmt Aussage nicht ernst; er hört nicht richtig zu und hinterfragt die Richtigkeit der Aussagen
S. 54–60: **Die Fahrradattacke** N wird auf dem Weg zu K überfallen und von diesem mit einem Messer bedroht; keine Hilfe von einer Nachbarin; Ns' Mutter verarztet den Sohn und ruft Ks Eltern an; sie glaubt N nicht mehr
S. 61–62: **Telefonterror** Thomas hört die Beschimpfungen und die Morddrohungen am Telefon mit
S. 63–70: **Das gestohlene Quix** 2. Gespräch mit Frau Römer, sie glaubt N nicht; Quix ist verschwunden; N erzählt im Konfirmandenunterricht Rocky von dem Überfall und dem Quix; Rocky zeigt ihm seine Waffen; Eltern glauben N nicht
S. 71–72: **Die Anzeige** Thomas gibt mit N die Anzeige ab
S. 73–82: **Das Laufwerk II** N geht K aus dem Weg; Thomas merkt, dass das Laufwerk fehlt; Anruf bei K und seinen Eltern; K leugnet und behauptet er habe das Laufwerk gekauft; Thomas kauft es zurück und glaubt N nicht
S. 83–85: **Das falsche Alibi** 2 Wochen nach der Anzeige verschafft ein Betrunkener K wegen des Kaninchens ein falsches Alibi; er droht N und seiner Familie; Eltern wollen Situation nicht wahrhaben: hier sei nicht Chicago
S. 86–90: **Die Wende** Anruf der Quixzentrale: Sperre soll aufgehoben werden; Thomas glaubt N und entschuldigt sich; Anruf bei Ks Vater: Aussage steht gegen Aussage; Karin sucht nach Ks Motiven

S. 91–92: **Selbstjustiz** Thomas war wegen der Drohungen bei der Polizei, für diese ist es ein Bagatellfall; Familie sucht – ohne Erfolg – nach Lösungsmöglichkeiten; N denkt über Selbstjustiz nach
S. 93–99: **Gegenwehr** Anruf von Rocky, er habe Ns' Quix gefunden, N hofft auf einen Verbündeten; K und Rocky am Teich, K will Geld, N wehrt sich und schreit; K zerstört Quix und verprügelt N; N zuversichtlich, da seine Eltern ihm glauben
S. 100–102: **Die Vorladung** Polizei fordert Thomas auf, die Anzeige zurückzuziehen, da die Aussagen der Eltern und Kinder identisch sind; das zerstörte Quix wird als Walnuss interpretiert
S. 103–107: **Eine andere Welt** Thomas weigert sich, K anzuzeigen, er wolle kein Kind kriminalisieren; Anruf bei Ks Eltern, das Quix sei eine Walnuss gewesen; Rocky auf Ks Seite; Ns' Eltern wollen Gewalttat nicht glauben
S. 108–112: **Svenja, die Zeugin** Svenja hört im Bus, wie sich K und Rocky über ihre Taten und die Absprache bei der Polizei unterhalten; die Familie geht zur Polizei, die sich ohnmächtig fühlt; ein Prozess würde die Genugtuung der anderen nur erhöhen
S. 113–119: **Der Hass** Gespräch mit Frau Römer im Bus; N formuliert seinen Hass gegenüber K; N weigert sich, neben K zu sitzen; Telefonterror und Drohungen werden fortgesetzt; Karin glaubt N; Ns' Kindheit ist zu Ende
S. 120–122: **Der Schulwechsel** N soll mit K in eine AG; Thomas ruft Frau Römer an und erfährt von Ns' schlechten Leistungen; sie ist verhalten und empfiehlt Schulwechsel; Thomas: K ist schuld an Ns' Krise
S. 123–127: **Der Kreis schließt sich** N schneidet Gespräch mit; K droht mit Kaninchenmord; Rex ist verschwunden; das Gerichtsschreiben trifft ein; Prolog vom Anfang wird wiederholt

Material 4 (4. Std.)

Niklas' Gefühlswelt

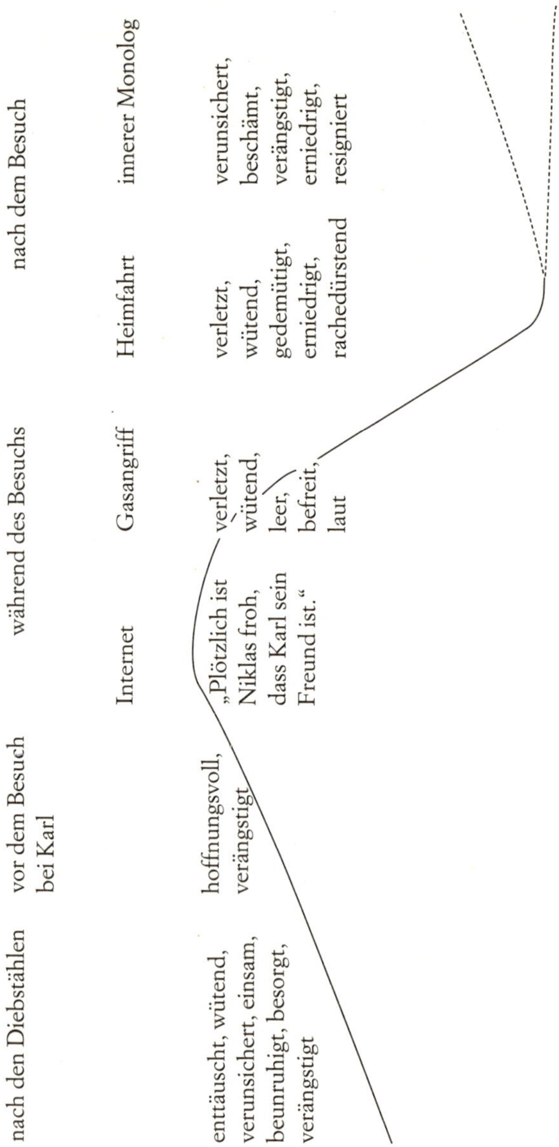

Material 14

Der Teufelskreis des „bullying“ (nach Olweus)

Gewalttat
(bullying)

„Opfer“:
– ängstlich
– verunsichert
Lehrer/-innen:
– unentschlossen
– uneinig
– hilflos

Mitschüler/-innen:
– ängstlich
– fasziniert
Eltern:
– erfahren nichts oder wenig

„Opfer“:
Passivität – Rückzug – „Schweigen“
Mitschüler/-innen:
Passivität – „Voyeure“ – Mitläufer
Lehrer/-innen:
schwaches, inkonsistentes, fehlendes Handeln
Eltern:
Reaktion nicht möglich

(gelerntes) aggressives Verhaltensmuster
– positive Verstärkung (Kontingenz: intermittierend)
– Modellcharakter, der die soz. „Ansteckung“ erleichtert und zum Verlust individueller Verantwortung beiträgt

familiäre Erziehungsmuster
– emotionale Ablehnung
– strafende Methoden
genetische und Persönlichkeitsfaktoren

(aus: Dan Olweus, Gewalt in der Schule. Was Lehrer und Eltern wissen sollten – und tun können. Aus dem Englischen von Inken Völpel-Krohn und Wolfgang Arnhold. Bern: Hans Huber Verlag, 3. Aufl. 2002)

3.5 Vorschläge für Klassenarbeiten/Referate/Projekte

Klassenarbeiten:

1. Ein Klassenkamerad von Niklas hat etwas von den Vorfällen zwischen Niklas und Karl mitbekommen. Er rät ihm, sich an den Beratungslehrer der Schule zu wenden. Niklas ist skeptisch, ob dieser ihm helfen kann. Aber vielleicht ist es ja einen Versuch wert und er geht hin. Der Beratungslehrer bittet ihn, zuerst einmal zu berichten, wie es zu den Schwierigkeiten zwischen Karl und ihm gekommen ist. Den Beratungslehrer interessieren dabei die Ursachen der Spannungen und Aggressionen.
   Schreibe aus der Sicht von Niklas auf, was dieser dem Beratungslehrer berichtet.
   Der Beratungslehrer hört lange zu und nach einigen Zwischenfragen weiß er, wie sich – aus Niklas' Sicht – alles darstellt. Anschließend gibt er Niklas einen guten Rat. Worum könnte es sich dabei handeln? Schreibe auf, was der Beratungslehrer sagen könnte.
2. Niklas und Frau Römer
   Lies dir S. 46–49 gründlich durch.
   Gib zunächst den Inhalt des Kapitels in wenigen Sätzen wieder.
   Entwirf eine Kapitelüberschrift.
   Warum soll Niklas trotz seines Unbehagens gegenüber Karl weiter mit ihm zusammenarbeiten? Stelle die Haltung von Frau Römer und Niklas dar.
   Erkläre, warum sich Niklas nach dem Verpassen des Busses fröhlich fühlt.
   Am Ende des Romans bringt Frau Römer Niklas kein Verständnis mehr entgegen. Woran liegt das?
3. Ein Regisseur ist auf der Suche nach einer Idee für einen neuen Jugendfilm; sein Sohn liest in der Schule gerade den Roman NICHT CHICAGO. NICHT HIER. von Kirsten Boie. Vater und Sohn unterhalten sich über den Roman, den der Vater noch nicht gelesen hat. Versetze dich in die Lage des Sohnes und beantworte die folgenden Fragen, die der Vater ihm stellt.

Erzähl mir doch einmal in drei Sätzen, worum es in dem Buch geht.
Meinst du, Jugendliche könnte ein Film interessieren, den man nach dem Roman NICHT CHICAGO. NICHT HIER. dreht?
Wenn ich ein Casting für die Hauptdarsteller – Niklas und Karl – veranstalte, worauf müsste ich dann achten?
Wie sollte die erste Szene des Films aussehen; meinst du, der Film sollte ebenso wie das Buch mit dem Ende beginnen?
Was würdest du auf dem Filmplakat abbilden?

4. Die beiden folgenden Zitate sind dem Roman NICHT CHICAGO. NICHT HIER. entnommen. Erkläre, was die einzelnen Personen (welche ?) mit diesen Sätzen meinen und wie es zu diesen Aussagen kommt.
   - „‚Da muss man nur welchen Bescheid sagen', sagt er zu der Tischplatte. ‚Katja aus der Neunten kennt welche, wenn sie denen Bescheid sagt …' ‚Keine Gewalt!', sagt Karin. ‚Keine Selbstjustiz!', sagt Thomas. Gleichzeitig." (92)
   - „Recht hat nichts mit Glauben zu tun, nur mit Beweisen." (101)

   Verfasse ein Gespräch mit den beteiligten Personen über Ursachen und Auswege aus dem Konflikt.
5. Kirsten Boie lässt ihren Roman offen enden; man weiß weder, was in dem Brief vom Gericht steht, noch was aus Niklas und Karl wird. Gingen der Autorin etwa die Ideen aus oder hat sie sich absichtlich für diese Form entschieden? Schreibe in einem Brief an die Autorin deine begründete Meinung zu dem Schluss. Gehe auch darauf ein, wie dir persönlich dieses Ende gefällt.
   Verfasse anschließend ein – kurzes – Nachwort zu dem Roman, was wohl ein Jahr später aus Niklas geworden ist.

Referate:
1. Recherchiere Fakten und Hintergründe über Gewalttaten unter Jugendlichen in Deutschland.
2. Versuche aktuelle Zahlen über die Häufigkeit der Übergriffe sowohl in ganz Deutschland als auch in deiner (nächst gelegenen) Stadt zu erhalten. Gib an, welche Arten von Ge-

walttaten vorkommen und welche Ursachen angeführt werden.

3. Erläre, was man unter einem Streitschlichterprogramm versteht. Wo und wie kommt es zum Einsatz (an eurer Schule)?

Projekte:

1. Organisation eines Treffens mit dem zuständigen Polizisten zum Thema Gewalttaten und -prävention
2. Fächerübergreifende Auseinandersetzung mit dem Thema Gewalt. Denkbar ist eine Kooperation mit den Fächern Kunst und Religion.
3. Unterstützung des Hörspiels (6. und 7. Stunde) durch den Musikunterricht; dabei ist das Erzeugen von Hintergrundgeräuschen ebenso sinnvoll wie die Auswahl und das Vorspielen von begleitender Musik.

4 Anhang

4.1 Literaturverzeichnis

Primärtext

Boie, Kirsten: Nicht Chicago. Nicht hier. München 2002: dtv junior (dtv 70683).

Sekundärliteratur

Daubert, Hannelore: Kirsten Boie: Nicht Chicago. Nicht hier. (70683). 5.–7. Schuljahr. S. 14–41. In: Gewalt. Mobbing & Zivilcourage. Lesen in der Schule mit dtv junior. Unterrichtsvorschläge für die Klassen 5–11. Konzeption: Hannelore Daubert. München 2002.

Genette, Gérard: Die Erzählung. München 1998.

Hanewinkel, Reiner; Knaack, Reiner: Mobbing: Gewaltprävention in Schulen in Schleswig-Holstein. Landesinstitut Schleswig-Holstein für Praxis und Theorie der Schule. Kiel 1997.

Hasse, Henning: Mediale Gewaltdarstellungen und ihre Effekte. In: Aus Politik und Zeitgeschichte; Beilage zur Wochenzeitung Das Parlament. B 21/84

Lange, Günter: Adoleszenzroman. In: Kinder- und Jugendliteratur. Ein Lexikon. Hg. von Kurt Franz, Günter Lange, Franz-Josef Payrhuber. Meitlinger 1995–2003. Bd. 5. S. 1–22. 1997

Olweus, Dan: Gewalt in der Schule. Was Lehrer und Eltern wissen sollten – und tun können. 3. Aufl. Bern 2002.

Schwind, Hans-Dieter u. Baumann, Jürgen (Hg): Ursachen, Prävention und Kontrolle der Gewalt. Analysen der unabhängigen Regierungskommission zur Verhinderung und Bekämpfung von Gewalt. Berlin 1990.

Stanzel, Frank K.: Typische Formen des Romans. Göttingen 1964.

Strafgesetzbuch und Nebentexte. Erläutert von Herbert Tröndle. Beck'sche Kurz-Kommentare. München 2003.

Weiterführende Literatur zum Thema Gewalt und Mobbing

88 Impulse zur Gewaltprävention. Hg: Landesinstitut Schleswig-Holstein für Praxis und Theorie der Schule. Kiel 1995.

Braun, G; Hünicke, W; Regniet, M; Sprink, E: Streitschlichtung durch Schülerinnen und Schüler. Bad Kreuznach 1997.

Dambach, Karl E.: Mobbing in der Schulklasse. München, Basel 1998.

Gewalt in der Schule – was ist zu tun? Eine praktische Handreichung für Lehrerinnen und Lehrer. (Hg.): Freie und Hansestadt Hamburg. Behörde für Bildung und Sport. Hamburg 2002. Kontakt: Schulinformationszentrum (SIZ), Tel. 040/428 63-1930.

Konflikte und Gewalt 2 – präventive Konzepte, praktische Hilfen, Adressen. Hg: Fachkreis Gewaltprävention und Behörde für Bildung und Sport (BBS). Hamburg 2003.

Schubarth, Wilfried: Gewaltprävention in Schule und Jugendhilfe. Neuwied 2000.

Tilmann, Klaus-Jürgen, Holler-Nowitzki, Birgit u. a.: Schülergewalt als Schulproblem. Verursachende Bedingungen, Erscheinungsformen und pädagogische Handlungsperspektiven. Weinheim und München 1999.

Walker, Jamie (Hg.): Mediation in der Schule – Konflikte lösen in der Sekundarstufe I. Berlin 2001.

4.2 Zeittafel zu Kirsten Boie

1950	Kirsten Boie wird in Hamburg geboren
	Studium der Fächer Deutsch und Englisch in Hamburg und Southampton
	Promotion in Literaturwissenschaft über Bertolt Brecht
1978–1983	Lehrerin an einem Gymnasium und einer Gesamtschule
1985	Boie beginnt zu schreiben und ihr erstes Buch, PAULE IST EIN GLÜCKSGRIFF, erscheint
2003	NICHT CHICAGO. NICHT HIER. kommt auf den Markt

Inzwischen sind über 60 Kinder- und Jugendbücher von Boie erschienen (Stand: Jahr 2004), von denen zahlreiche mit verschiedensten Literaturpreisen ausgezeichnet wurden.
Kirsten Boie ist verheiratet, hat zwei Kinder und lebt in Hamburg.